Werner Zimmermann

2000 Jahre durchgehalten

Werner Zimmermann

2000 Jahre durchgehalten

Wie Gott seine Gemeinde durch die Wirren der Zeiten führte

Fromm Verlag

Impressum / Imprint
Bibliografische Information der Deutschen Nationalbibliothek: Die Deutsche Nationalbibliothek verzeichnet diese Publikation in der Deutschen Nationalbibliografie; detaillierte bibliografische Daten sind im Internet über http://dnb.d-nb.de abrufbar.

Bibliographic information published by the Deutsche Nationalbibliothek: The Deutsche Nationalbibliothek lists this publication in the Deutsche Nationalbibliografie; detailed bibliographic data are available in the Internet at http://dnb.d-nb.de.

Verlag / Publisher:
Fromm Verlag
ist ein Imprint der / is a trademark of
OmniScriptum GmbH & Co. KG
Heinrich-Böcking-Str. 6-8, 66121 Saarbrücken, Deutschland / Germany
Email: info@frommverlag.de

Herstellung: siehe letzte Seite /
Printed at: see last page
ISBN: 978-3-8416-0333-3

Inhaltsverzeichnis

Zwei Jahrtausende durchgehalten - bis heute.

Wie Gott seine Gemeinde durch die Jahrhunderte immer wieder erweckt, durchträgt und erneuert.

Kirchengeschichte als Geschichte der Gemeinde Jesu

Das Wort Kirchengeschichte hat mich früher immer zusammenzucken lassen. Ich dachte dabei an Daten, wüste Streitereien, Kirchenkämpfe, Machtkämpfe, Kreuzzüge, Inquisition, Päpste, Fürsten und Kaiser. Vielleicht ist es auch Ihnen so ähnlich gegangen. Als ich mich dann näher mit Kirchengeschichte befasste, machte ich eine Entdeckung: noch nie zuvor wurde ich mehr gesegnet und mehr im Glauben gestärkt als beim Verfolgen der geschichtlichen Entwicklung der Gemeinde Jesu durch die Jahrhunderte seit der Himmelfahrt Jesu.
Ich freue mich und bin dankbar, dass ich euch von den unterschiedlichen Kämpfen der bekannten und vergessenen Gotteskinder berichten kann, die uns den wahren Glauben herüber gerettet haben. Sie haben uns Vermächtnis und Auftrag zugleich hinterlassen, nicht müde zu werden, das Evangelium in Treue zu leben und an unsere Kinder weiterzugeben.
Um im Nachhinein die Zusammenhänge besser erkennen zu können, muss manchmal etwas weiter ausgeholt werden, vor allem, wenn es um die Bedeutung Jesu für die Gemeinde geht. Ich bitte um Nachsicht.

Das Vorwort möchte ich mit einem Zitat schließen, das der Begründer des Pietismus, Pfarrer Philipp Jakob Spener, im Jahre 1666 bei seiner Antrittspredigt, die er über Römer 1,17 (der Gerechte wird seines Glaubens leben) in der Frankfurter Hauptkirche hielt. Sein Anliegen ist auch mein Anliegen.

1. Mein Haupt<u>anliegen</u> ist es, nur Christus zu predigen.

2. Mein Haupt<u>ziel</u> ist, dass viele Menschen sich bekehren.

3. Meine Haupt<u>not</u> ist, dass ich mir ganz unwürdig vorkomme, und deshalb Gottes Kraft nötig habe.

4. Meine Haupt<u>freude</u> ist, dass ich meines Glaubens gewiss sein kann.

Der, der in der Geschichte der Christenheit handelt, ist der Herr Jesus Christus, denn er spricht in Matthäus 16,18.: ***Ich will bauen meine Gemeinde***. Christus will seine Gemeinde bauen, nicht einen Organismus sakramentaler Kräfte, der von einer Priesterherrschaft geordnet und geleitet wird, nicht nur eine Organisation schrift- und bekenntnisgemäßer Wortverkündigung und Sakramentsverwaltung, sondern eine Gemeinde, die durch den Glauben mit ***Ihm*** verbunden ist, wie die Reben mit dem Weinstock, wie der Leib mit dem Haupt.
Er baute seine Gemeinde durch seine Bauleute. Wie wir also in Matth. 16,18 lesen, ist die Gemeinde eine Schöpfung des dreieinigen Gottes. Sie ist ein Bau, der alles überdauern wird. Ja, sie ist einer der <u>drei Faktoren</u>, die in der göttlichen Heilsgeschichte entscheidende Bedeutung haben:

Völkerwelt (alle Nationen),
Volk Israel und
Gemeinde Jesu.

Die Völkerwelt steht seit dem Sündenfall im Abfall von Gott. Vor Grundlegung der Welt hatte Gott bereits seinen Heilsratschluss zur Rettung der Menschheit gefasst: Er erwählte Israel zum Träger des göttlichen Heils. Israel aber verscherzte seinen Auftrag durch die Verwerfung des Messias und wurde beiseite gestellt, aber nicht für immer. Dafür wurde die Gemeinde Jesu zum Heilsträger im ***Zeitalter der Gnade*** bestimmt. Jesus selbst hat zunächst seine Jünger als Sendboten (Apostel) berufen und Ihnen für diesen Auftrag bestimmte Anweisungen gegeben. Er kündigte aber bei seinem Abschied an, dass der Heilige Geist sie in alle Wahrheit leiten würde (Johannes 14,26/ Johannes 16,12-14). Später empfing besonders Paulus wichtige Aufschlüsse und Offenbarungen über das Wesen und die Aufgabe der Gemeinde in der Welt (Epheserbrief). Die Gemeinde Jesu ist auf Grund dieser Offenbarungen ***Kundgebungsorgan*** Gottes in dieser Welt. Sie ist der geistliche „Tempel Gottes", erbaut auf dem Grund der Apostel und Propheten, wo Jesus Christus der Eckstein ist. (1. Korinther 3,16, die Epheser 2,20 bis 21).

Was ist Kirchengeschichte?

Mit Kirchengeschichte ist nach dem gewöhnlichen Sprachgebrauch die Geschichte der christlichen Kirchen gemeint, so wie sie sich in ihrer Entstehung, ihrem Werdegang und ihrem heutigen Erscheinungsbild mit allen Daten, Namen und Geschehnissen darstellt. Das Wort Kirche hat seinen Ursprung im griechischen Ausdruck „küriake", was zu Deutsch heißt "Haus des Herrn.". Die germanischen Sprachen haben daraus „Kirche", „Kerk", „Church" gebildet. In unserem Lehrgang soll Kirchengeschichte nur insoweit behandelt werden, als dabei die Geschichte der Gemeinde Jesu zur Geltung kommt. Es geht uns also nicht um lückenlose Darstellung der geschichtlichen Ereignisse und Darstellungen der darin vorkommenden Gestalten, sondern um eine Behandlung derjenigen Bewegungen innerhalb der Kirchengeschichte, die in Sammlung und Sendungen dem Gemeindebild des Neuen Testaments entsprechen. Das bedeutet, auf eine kurze Formel gebracht, dass deren Glieder die Grundlage ihres Christenlebens in einem persönlichen Verhältnis zu Jesus Christus sahen und sehen, der für Sie und Ihre Schuld am Kreuz gestorben ist und Ihnen durch seine Auferstehung ein neu-

es Leben für Zeit und Ewigkeit erworben hatten. (1. Korinther 15,3 bis 4, Römer 6,4 bis 6, — 1. Johannes 5,5).
Oft wusste eine verfasste Kirche bei den äußeren Bewegungen ihrer Geschichte nichts vom Herzensverhältnis ihrer Glieder zu Jesus Christus, oft war sie sogar ihr Feind, sodass die wahrhaft Gläubigen in vielen Zeitepochen als ***Stillen im Lande*** (Psalm 35,20) ein Katakombendasein führen mussten. So stimmt zwar der Satz von Savonarola (ein im 15. Jahrhundert als Vorreformator bezeichneter Bußprediger): "Es fährt einer im Triumphwagen durch die Jahrhunderte, und dieser eine ist Jesus Christus". Aber bei näherem Hinsehen sieht die Wirklichkeit doch so aus: „Es gibt kein Jahrhundert, in dem nicht die Gemeinde Jesu lebt, auch wenn an der offiziellen Oberfläche wenig oder gar nichts von ihrer sichtbar ist.“ (Erich Schnepel). Auch heute im 21. Jahrhundert haben wir verfolgte Kirche und Untergrundgemeinden! Daraus folgt, dass nicht alle geschichtlichen Ereignisse und Gestalten der Gemeinde Jesu bekannt geworden sind; vieles bleibt in der Verborgenheit, namenlos, unbekannt.

Die Zeit vor der Gemeinde

Der Vorläufer zur Gemeinde war das alttestamentliche Gottesvolk Israel mit seiner reichen Geschichte, mit seinen Geheimnissen (5. Mose 33,26 bis 29 Zuflucht bei Gott), mit seinem Missionsauftrag (1. Mose 12,3) und seinem Elend (Hosea 13,9), seinen Verheißungen (3. Moses 26,44 bis 45) und seinem Untergang (2. Könige 24,2 bis 4, 2. Chronik 36,15 bis 17) und seiner ewigen Bestimmung (Römer 11., 25 bis 36).
Trotzdem trug dieses Gottes Volk den Charakter der Vorläufigkeit, wie viele Verheißungen zeigen (Römer 9 bis 11) bis ins glaubensmäßige und kultische hinein (Hebräer 9,1+6 bis 12., und 10,4 bis 10., 39 und 40).
So entstand unter den Gläubigen des alten Bundes ein starkes Sehnen derer, die auf die Erlösung Israels warteten (Lukas 2,38). Zur Zeit Jesu gehö-

ren gewiss Maria und Joseph, Zachachias und Elisabeth, Simeon und Hanna, Nikodemus und die Hirten von Bethlehem, die Jünger und viele andere dazu. Und als die ***Zeit erfüllt*** das heißt (göttlich vorbereitet) war, (Galater 4,4) sandte Gott den verheißenen Messias und schuf durch ihn das Wunderwerk der Gemeinde Jesu, ein Geheimnis göttlicher Weisheit. (Epheser 3,8 bis 12; 5,32.).

Jesus Christus

Die Bedeutung Jesu für die entstehende Gemeinde.

Jesus Christus ist in seiner Person Anfang und Ziel der neutestamentlichen Reichsgottesgeschichte. Mit der Geburt fängt diese Geschichte auf Erden an. Lukas 2,15; während Johannes der Täufer noch nicht zu dieser Geschichte gezählt wird. ..... (Matth. 11,11; und Lukas 16,16), bricht die Gottesherrschaft erst mit der Person Jesu herein.
(Matth. 3,1 bis 2; Markus 1,14 und 15 .... ***nahe*** herbeigekommen, ...
ist herbeigekommen., Lukas 17,20 und 21!)

Deshalb wird Christus auch in der neutestamentlichen Literatur als das Haupt seiner Gemeinde verstanden (Eph. 1,22; 4,15; 5,23), "die er durch sein eigen Blut erworben hat." (Apostelgeschichte 20,28); die Gemeinde hingegen als sein Leib (Eph. 1,23; + 1,18), der in einer Weinstock-Reben-Verbindung (Johannes 15,1 folgendo) in Abhängigkelt von ihm lebt; darin liegt schlechthin das Geheimnis der Existenz der Gemeinde Jesu. (1. Korinther 3,11)

Karl Heim untersuchte Gruppen, ob sie gemeindebildend sind und keine überörtliche Bewegungen (Lukas 22,32 b).

Das Werk Gottes - das Werk Jesu.

Das Erlösungswerk Jesu Christi ist durch die grundlegenden göttlichen Heilstaten des Kommens, Lebens, Leidens, Sterbens, Auferstehens und der Himmelfahrt Jesu, sowie durch die Ausgießung des Heiligen Geistes zu Pfingsten gegeben. Die Erfahrung dieser Gottestaten erwies sich als gemeindebildendes Element, die Botschaft davon als „kirchengründende Predigt" bis heute. (Apostelgeschichte 2,2 bis 4; 37 bis 41; und 10,44 bis 48).

So sind Entstehung und Aufbau der Gemeinde an die Heilstaten Jesu gebunden (Epheser 4,10 bis 16) bis in die Gliedschaft des Einzelnen am Leib der Gemeinde; daraus empfängt der Christ auch die gemeindetragenden Impulse. (2. Korinther 15,14 bis 15).

Seine Botschaft

Die Verkündigung Jesu enthält den Hinweis, dass er mit seinem Kommen ganz eindeutig die Gründung einer Gemeinde im Auge hat. (Matthäus 16,18; 18,17; Lukas 22,32b).
Er hatte offenbar auch die Situation des Gemeindelebens im Auge, wenn er die Reich-Gottes-Gleichnisse erzählt:

die Ausrichtung des Wortes Gottes an Menschen mit verschiedenen Wirkungen (Matthäus 13,1 bis 23);

Der Teufel kommst mit Macht in die Gemeinde hinein und erdrückt sie oft schier (Matthäus 13,24 bis 30; 36 bis 43);

die göttliche Sendung der Gemeinde geht mit unwahrscheinlicher Kraft und großem Wachstum vor sich (31.32);

die göttlichen Kräfte der Gemeinde durchdringen alles bis in alle Winkel und Tiefen (33);

bei Ausbreitung des Evangeliums werden faule und gute Fische gefangen (Matth. 13,47 bis 50); es gibt keine "reine Gemeinde", selbst in der Ur-Gemeinde gab es sie nicht.

Schon in Apostelgeschichte 5 lesen wir über den Einbruch von Heuchelei und Unwahrhaftigkeit in der Gemeinde. - in Lukas 12,32 sagt Jesus, dass die Gläubigen immer in der Minderheit sein werden. Nach Matthäus 5,14 ist die Gemeinde eine weithin sichtbare Stätte, nach Markus 4,26 bis 29 eine im Verborgenen reifende Pflanze (Organismus). Ebenfalls in Lukas 12,32 ist der Gemeinde die Verheißung gegeben, in Furchtlosigkeit auf die himmlische Herrlichkeit zugehen zu können; nach Matthäus 16,18 dass die Pforten der Hölle die Gemeinde nicht überwältigt werden.

Gemeinde Jesu als Erweckungsträger.

Ohne Gemeinde Jesu wäre die Kirchengeschichte zu Ende. Gemeinde Jesu entsteht immer da, wo sich göttliche Offenbarung in Menschen erwecklich mitteilen kann; vgl. die Felsenaussage des Petrus in Matthäus 16,16 die nach Jesu Aussagen Offenbarungscharakter hat (17) und auf die die Gemeinde gegründet werden und Bestand haben soll (18)

Die Kirchengeschichte ist voll von solchen Offenbarungen und Erweckungen, sodass man von ganzen Erweckungsbewegungen sprechen kann. In der Regel wird man beim Studium solcher Erweckungen - auch bis in das Leben des einzelnen Christen hinein - immer wieder auf folgende Linien stoßen:.

1. das Wort Gottes wird zur alleinigen Richtschnur des Lebens und der Lehre.

2. die freie Vergebung ganz aus Gnaden und mit ihr die freimachende Kraft der Gnade kommen zur Geltung.

3. die Unterscheidung von Priestern (Geistlichen) und Laien fällt zu Gunsten einer Aufteilung in Gläubige mit Heiligem Geist und andererseits Priestern und Laien ohne Heiligen Geist; alle wiedergeborenen sind zugleich geistliche Menschen....

4. Der Missionssinn zur Rettung von Menschen in eigenem und fremdem Land regt sich als neues Lebensgesetz; " Mission oder Tod ".

5. Bereitschaft, auch für Jesus zu leiden ("Theologia Crucis").

6. Verbindlichkeit der Bruderschaft bis zur Seelsorge als Zellenarbeit der Gemeinde.

Zu diesen 6 Punkten Bibelstellen:

1. Philipper 2,15 bis 16. - Kolosser 3,16.
2. die Epheser 1,7 bis 18; und 2,8 bis 9..
3. Apostelgeschichte 6,6 bis 7.
4. Apostelgeschichte 4,19 bis 20; 5,27 bis 29.
5. Apostelgeschichte 5, 41 bis 42; 14,19 bis 22.
6. Römer 12,8 a (Albrecht); Epheser 4,15 bis 16..

Wie sehr können solche Grundsätze auch Hilfe bei der Beurteilung heutiger kirchengeschichtlicher Ereignisses sein.

Beginn der Kirchengeschichte

Die Ur-Gemeinde.

Als Petrus 10 Tage nach der Himmelfahrt Jesu in der Vollmacht des Heiligen Geistes die Botschaft von Jesus Christus in Jerusalem verkündete, geschah Pfingsten, die Geburtsstunde der Gemeinde. Und 50 Tage (Pfingsten vom

griechischen pentekoste = 50) nach der Auferstehung fällt der Heilige Geist auf die durch Jesu Tod und schließliche Wegnahme verschüchterte und niedergeschlagene Versammlung von zirka 120 Anhängern Jesu (Apostelgeschichte 1,13 bis 15). Die Predigt vom gekreuzigten, auferstandenen und zum Himmel gefahren Herrn und Heiland war den Zuhörern durchs Herz gegangen, weil viele von ihnen bei der Kreuzigung dabei gewesen waren.
In tiefer Erschütterung ließen sie sich zur Buße und Taufe rufen. Etwa 3000 wurden von der Botschaft bewegt und bekehrten sich zu Jesus. Damit war die Gemeinde ins Leben gerufen.
Sie, die Gemeinde, ist also ein Organismus, ein Leib Christi, an dem Jesus das Haupt ist. Glied am Leib Christi wird man demnach nicht durch eine kultische Handlung, z. B. Kindertaufe, sondern durch die Wiedergeburt (Johannes 3,3 bis 5). Gemeinde Jesu ist nur da, wo wiedergeborene Kinder Gottes sind.

Die göttliche Verwandlungskraft wird nach jenem Pfingsten sofort sichtbar in ihrem vollmächtigen Zeugnis von Jesus Christus. Besonders Petrus wird es geschenkt, vielen Menschen in seiner geistgewirkten Rede den Weg zu Buße und zum Glauben, zu Vergebung und Empfang des Heiligen Geistes zu weisen. (Apostelgeschichte 2,37 bis 38). So kam es zu einer durch die Offenbarung des Heiligen Geistes zusammen geschweißten Gemeinde, die täglich in der Apostellehre und in der Gemeinschaft und im Brotbrechen und im Gebet beieinander blieben. (Apostelgeschichte 2,42 bis 47) Täglich fanden neue hinzu (Apostelgeschichte 2,47; 4,4; 5,14; 6,7).

Geschehnisse in der Urgemeinde.

Die erste Zeit der Urgemeinde in Jerusalem war eine ungeheure komplizierte und bewegte:

Wunder und Heilungen geschahen (Apostelgeschichte 3,1-9; 5,12 bis 16; 6,8).

Das Volk hielt Großes von der Gemeinde (Apostelgeschichte 2,47; 4,2 bis 17. 4,2; 17.; 21; 5,13; 26)

Evangelisation im großen und von Mann zu Mann (Apostelgeschichte 2,42; 3,12 folgende; 4,8 bis 12; 31; 33; 5,25; 42; 6,8 bis 10; Kapitel 7)

Ansätze von Gütergemeinschaft und sozialem Engagement (Apostelgeschichte 2,44; 45; 4,32 bis 5,11; 6,1 bis 6);

geistgewirkte Gemeindezucht (Apostelgeschichte 5,1 bis 11.)

Verfolgung durch die oberste geistliche Behörde bis zum Tod des ersten Blutzeugen für Jesus: Stefanus (Apostelgeschichte 4,3; 15 bis 18; 5,17. bis 41; 6,11 bis 13; 7,54 bis 59);

eine reges Gebetsleben (Apostelgeschichte 2,42; 3,1; 4,23 bis 31; 6,6; 7,58 bis 59),

eine gabenorientierte Verteilung der Gemeindeverantwortung (Apostelgeschichte 6,1 bis 6).

Solche grundlegenden Linien sollten dann von unerhörter Bedeutung für die Gemeinde Jesu aller Zeiten und Räume werden; sie stellten sich als ein programmatisches Konzept heraus, nach dem der Heilige Geist je und je führte und leitete.

Keine "reine" Ur-Gemeinde.

Wie schon gesagt, ging es in der Urgemeinde nicht gerade vorbildlich zu, die absolut "reine" Gemeinde gab es nie rund gibt es nicht bis zum heutigen Tage. Es brachen auch soziale Nöte auf, die die Gemeinde beunruhigten und gefährdeten. (Apostelgeschichte 6). Durch die Einsetzung von sieben Diakonen (Almosenpfleger) zur Unterstützung der Apostel wurde dafür gesorgt, dass alles „ordentlich“ zuging. In den Apostelbriefen erfahren wir, dass es in den ersten Gemeinden mancherlei Spannungen gab. In **Korinth** traten Gruppenbildungen und Spaltungen auf. In einem Fall von Blutschande dort griffen die Ältesten nicht sofort ein, sodass sich Paulus einschalten musste. In den **galatischen** Gemeinden stellte der Apostel Abfall in „gesetzliches Wesen“ fest und rügte sehr scharf. Aus den Briefen an die **Thessalonischer** entnehmen wir, dass schwärmerische Anschauungen über die Wiederkunft Jesu sich breit machten. Johannes kämpfte in seinem ersten Brief in schneidender Logik gegen die Anhänger der „Gnosis“, jener Irrlehre, die später noch viel Schaden anrichtete.
Es machten sich also schon zur Zeit der Apostel allerlei Grenzverwischungen gegenüber der heidnischen Umwelt bemerkbar. In der nachapostolischen Zeit wurden diese ungesunden Strömungen noch stärker und lösten verschiedene Reaktionen aus, die sich zum Teil auch aus den Verfolgungszeiten ergaben. -

Die Ausbreitung der Gemeinde.

Jesus hatte seinen Jüngern vor der Himmelfahrt die Verheißung gegeben: <u>"Ihr werdet die Kraft des Heiligen Geistes empfangen und werdet meine Zeugen sein in Jerusalem, in ganz Judäa und Samaria und bis an die Enden der Erde."</u>

Unter der sichtbaren Führung des erhöhten Herrn entstand nach dem Pfingstfest eine mächtige Geistesbewegung, die schließlich durch alle Länder der alten Kulturwelt ging. ***Ohne*** Missionsgesellschaft, ***ohne*** menschliche Organisation war eine große Schar von Zeugen an der Arbeit, die frohe Botschaft von IHM auszubreiten.

Die Glieder der Urgemeinde waren im wesentlichen die Juden, und zwar Juden aus Jerusalem, Juden aus der Zerstreuung und Heiden, die vor der Aufnahme in die jüdische Gemeinde standen; (sog. Proselyten); Juden mit strenger Gesetzestreue, Juden mit freierer Stellung zum Gesetz, Juden mit griechischer Bildung und solche von selbstständigen Synagogen im Ausland (Apostelgeschichte 2,9 bis 11; 6,1; 9)..

Die Anzahl der Glieder der ersten juden-christlichen Gemeinde geht in die Tausende (Apostelgeschichte 2,41 - 4,4;: **nur die Männer**!, 21,20). Viele Juden, die im Ausland lebten, und zu Pfingsten in Jerusalem gläubig wurden, trugen nun die Frohe Botschaft in ihre Städte und Länder; so wird die Gemeinde in Rom entstanden sein, und vielleicht waren auch Aquila und Priscilla solche ersten Fackelträger des Glaubens in Rom. (Apostelgeschichte 18,2; Römer 16,3) und fanden Eingang in den dortigen Synagogen. Und die Ausbreitung des Evangeliums in Palästina ging einen anderen Weg. Nach dem Tod des Stefanus setzte eine große Verfolgung der Christen ein in Jerusalem. Folge: während die Apostel in der Stadt blieben, zerstreuten sich alle Christen in die umliegenden Länder und begannen so, gewollt-ungewollt, das Programm Jesu zur Missionierung der Welt durchzuführen. Jerusalem, ganz Judäa, Samaria, bis ans Ende der Welt (Apostelgeschichte 1,8; 8,1 bis 40; 9,32 bis 43) aus der durch die Zwangslage der Verfolgung geschehenen Bezeugung des Wortes Gottes wurde schließlich ein gezielter Auftrag für Apostel und Gemeindeglieder. -

Der erste Brennpunkt der Gemeinde war also Jerusalem. Die flüchtigen Gemeindeglieder brachten dann das Evangelium über die Grenzen Palästinas. So entstand in Antiochja in Syrien ein neues Zentrum der Gemeinde Jesu, das sich später zum Missionszentrum entwickelte. Von hier aus begann der Missionsdienst des Apostel Paulus; und in den 40er Jahren des ersten Jahrhunderts erreichte das Evangelium bereits Rom, Hauptstadt und geistiger Mittelpunkt des römischen Weltreiches. Gegen Ende der 40er Jahre entstanden die Gemeinden in Kleinasien und Griechenland.

Christenverfolgung

64 nach Christus begann die große Christenverfolgung in Rom unter Nero, bei der mit ziemlicher Gewissheit Petrus und Paulus als Märtyrer starben. Nachdem sich die Gemeinde Jesu im Laufe des ersten Jahrhunderts von der jüdischen „Nationalkirche“ völlig gelöst hatte, war freie Bahn für die Ausbreitung des Evangeliums in der ganzen heidnischen Welt. Die juden-christliche Gemeinde in Jerusalem wanderte im Jahre 67 nach dem Ostjordanland aus und verschwand. Um das Jahr 100 nach Christus waren Rom, Antiochia und Ephesus die Mittelpunkte der Gemeinde.
Seit Apostelgeschichte 10 gibt es kein Halten mehr, dass auch die Heiden von der Botschaft erfasst wurden (Apostelgeschichte 11,19-26). Denn zuerst sahen sich die Apostel nur der Ausrichtung des Evangeliums an den Juden verpflichtete:

1. Auf eine Schar Menschen, die sich um den römischen Hauptmann Cornelius in **Cäsarea** auf einer Versammlung scharten, fiel der Heilige Geist.

2. in **Antiochia**, der damals drittgrößten Stadt im Römerreich, entstand durch die nach Apostelgeschichte 8,1; 4 Verfolgten die ***erste*** heidenchristliche Gemeinde.. Hier kommt auch zum ersten Mal der Name ***Christen*** auf. (Christianoi). Dort stieß dann auch Saulus von Tarsus, als Apostel und Mitarbeiter endgültig zur Gemeinde hinzu und ließ sich ganz besonders zur Mission an den Heiden schulen und zubereiten.

Es war keine leichte Aufgabe, diese Heidenmission damals, aber unter Berufung auf Gottes Führung (Apostelgeschichte 13,1 bis 3; Galater 2,7 bis 9) und auf alttestamentliche Stellen (Apostelgeschichte 15,13 bis 18; 13,47; 28,26 bis 27) richteten sie dann den Missionsdienst an den Heiden bewusst aus. Und auch durch andere Kanäle gelangte das Evangelium zu den Heiden: Flüchtlinge, Reisende, Kaufleute, Handwerker und Gefangene bezeugten das Wort von der Erlösung in Jesus Christus in den Ländern der damals bekannten Welt; z. B. kam die Botschaft schon früh nach Hessen, da die 22. römische Legion, die zur Zeit des Todes Jesu in Jerusalem stationiert war, nach Friedberg verlegt wurde.

Die Reisen des Paulus.

Die Apostelgeschichte berichtet uns von drei Missionsreisen des Apostels Paulus, die er zusammen mit Mitarbeitern wie Barnabas, Silas, Timotheus, Petrus und dem Arzt Lukas unternahm. Sie unterstellen sich dabei bewusst der Leitung Gottes und des Heiligen Geistes (Apostelgeschichte 13,2 bis 4; 16,6 bis 8; 9 bis 10; 1.3.1,8 bis 10.).

So entstanden im kleinasiatischen Raum an zum Teil kulturellen, wirtschaftlichen und religiösen Brennpunkten Ortsgemeinden mit ungeheurer Ausstrahlungskraft (Apostelgeschichte 19,10). In Philippi gründete er die erste christliche Gemeinde auf europäischem Boden (Apostelgeschichte 16,11 bis 40) und drang in die bedeutendsten Zentren griechischer Kultur und Bildung ein. (Apostelgeschichte 17; und 18,1 bis 18; 20,1 bis 4)

Überall entstanden Gemeinden, mit denen er zum Teil auch weiterhin in briefliche Verbindung blieb. In beispielloser Wirksamkeit hat er „mehr gearbeitet als alle anderen" (ersten Korinther 15,10; 2. Korinther 11, 23-28).

Die Gemeindesituation zur Zeit der Apostel.

Die Gemeinden waren innerlich verbunden durch den festen Glauben an den gekreuzigten, auferstandenen und wiederkommenden Herrn. Sie stellten das unter anderem auch unter Beweis durch die Hilfeleistung bei der Hungersnot um das Jahr 50 (Apostelgeschichte 11,28 bis 30; 2. Korinther 8,1 bis 5), über alle Provinz- und Landesgrenzen hinweg. - andererseits bildete jede Gemeinde eine in Christus gegründete und fest zusammengeschlossenen Schar von Menschen aller Schichten und Kreise. Wiewohl es kein Schema, keine Form und Ordnung für diese beweglichen Bruderschaften gab, so wurde doch die **Orts**gemeinde der Modellfall neutestamentlicher Gemeindebildung. Zumeist als Hausgemeinden konnten sich diese Versammlungen nach ihren Eigenarten entwickeln. Es war ein ausgeprägtes Bewusstsein davon vorhanden, dass Jesus selbst als der erhöhte Herr die Gesamtheit wie die einzelnen Ortskreise der Gemeinde Jesu leitete und einzelnen Gliedern durch seinen Geist und seine Gaben Dienstaufträge erteilt. So hat sie ihr Leben aus Christus.

Die äußere Ordnung ist nur Beiwerk, alle Aufgaben einzelner in der Gemeinde (Epheser 4,11) sind vom Haupte her zum Nutzen und Segen aller koordiniert. Da bedarf es nicht notwendig eines Amtsträgers im heutigen Sinne, der die Verantwortung trägt; denn alle, die von Christus zur Gemeinde hinzu gegeben werden, sind Geistesträger; und alle sind Gabenträger; priesterliche und geistliche Menschen sind sie alle und arbeiten am Bau der Gemeinde Jesu. Erster Petrus 2,9; 1. Korinther 15,26 und andere zeigen die Betonung des Priestertums aller Gläubigen. Es gibt keinen besonderen Stand; auch die Vorsteher, Ältesten, Hirten, Aufseher, Diener bleiben genauso Brüder unter Brüdern wie die Träger unauffälliger Gaben. Keiner beansprucht Priestertum und geistliches Amt für sich allein. Der Beruf spielt dabei keine Rolle, wenn Jesus Christus die Gemeindeglieder in die Mitarbeit stellte. Bei allen Spannungen, Spaltungen, Schwärmerei und Gesetzlichkeiten, durch die sich die ersten Gemeinden hindurch kämpfen mussten, blieb das Bild der Christengemeinde zur Zeit der Apostel in seiner Grundkonzeption bestehen. -

Übersicht über Daten und Schriften aus der apostolischen Zeit.

Geschehnisse und Gestalten	**Jahreszahl ca. nach Christus**	**Entstehung v. neutest. Schriften**
Apostelgeschichte 1 bis 8 bis	30 bis 33	
Bekehrung Paulus. Apostelg. 1 bis 22	33 oder 35	
Hinrichtung des Jakobus Zebedäus Apg. 12,1	44	
1. Missionsreise des Paulus Apg. 13,4 bis 14.	49 bis 50	
		Jakobus-Brief?
Apostelkonzil in Apg. 15,1 bis 29	50	
2. Missionsr. des Paulus Apg. 15,35 bis 18,22	50-53	
		1.+2. Thess. + Galater
3. Missionsreise des Paulus Apg. 18,23 bis 21,70	54-58	
		1.+2. Kor. + Römer
Haft des Paulus Cäsarea Apg. 21,27 bis 26,32	58-60	
Reise des gefangenen Paulus nach Rom Apg. 27,1 bis 28,13	60-61	
Tod des Jakobus, Bruder Jesu	62	
So genannte erste Gefangenschaft Paulus in Rom Apg. 28,16	61-63	
		Epheser, Philipp.,Kol.
Petrus in Rom. Kreuzigung unter Nero	64	Petrusbrief
Paulus wahrscheinlich in Spanien, Griechenland und Kleinasien	64-66	1. Tim. + Titus

So genannte zweite Gefangenschaft des Paulus in Rom	66-67	
		2. Tim.+ Markus Evg.
	mit seiner Enthauptung unter Nero	
Apostel Johannes Kleinasien	68	
	75	Judas, Luk. Evg. Apg.
	80-90	Hebr. Joh. Briefe
		Matt + Joh Evg.
	95	Offenb. des Johannes
Tod des Apostels Johannes	100	

==

Übergang von biblischen Berichten zu kirchengeschichtlichen Überlieferungen.

Wie die obige Chronologie aufzeigt, stammt die zuletzt geschriebene Offenbarung des Johannes aus der Zeit um das Jahr 100 nach Christus. Das ist auch die Zeit, aus der sich schon eine Reihe von kirchengeschichtlichen Zeugnissen erhalten hat, die das biblische Zeugnis von der Geschichte der Gemeinde Jesu fortsetzen. Denn die Apostelgeschichte hörte „urplötzlich" auf; sie ist unfertig; diese heilige Chronik hat kein Ende - denn „Tag für Tag verzeichnet Gott im Himmel die Taten seines Sohnes, wie er sie durch seine Diener vollbringt." (Aebi).

An kirchengeschichtlichen Dokumenten wäre um 100 nach Christus zu nennen zwei Clemens-Briefe aus Rom, die so genannte Didache (= Apostellehre) und auch schon Schriftstücke von Kirchenvätern (= leitende Männer der alten Kirche), von denen uns entscheidende christliche Schriften überliefert sind.

A. der **Clemens Brief** — Seite 21 aus ***Väter der Christenheit**** etwa um 90

B. Bischof von Antiochien **Ignatius** nachzulesen in ***Väter der Christenheit*** * S. 21 etwa um das Jahr 110. und

C. **Polykarp**. Er starb 155, war Bischof von Smyrna, nachzulesen in ***Väter der Christenheit**** S. 23 (das Gespräch am Scheiterhaufen)

*Väter der Christenheit von Friedrich Hauss

Akzentverschiebungen des Gemeindelebens um das Jahr 100.

Paulus hatte der Gemeinde in Korinth 4 Briefe geschrieben, von denen uns nur der so genannte erste und zweite Korintherbrief erhalten sind "ein einzigartiges Stück Kirchengeschichte" (Weizsäcker). Zur damaligen Zeit hatte die Gemeinde gegen sogenannte moderne Theologen anzugehen, das waren Irrlehrer, vor allem die **Gnostiker**, die Jesus allein nicht mehr stehen ließen. Jesus und Freude, Jesus und Liebe, Jesus und Sieg. Darauf noch später. Gerade in diesen vom Apostel mit Traurigkeit und Tränen umsorgten Korinthergemeinden (2. Korinther 2,4) bahnte sich eine Entwicklung bereits an, die das Wesen der Brudergemeinde bedroht und zerstört. Das war um das Jahr 90 und hat sich entwickelt und gefestigt bis in die heutige Zeit. **Zum ersten Mal wird es zu einer ernsten Gefahr für die Gemeinde Jesu, dass Älteste sich als übergeordnete Schicht durchsetzen wollen und ein Amtsbewusstsein entwickelten.** Es ist sicher nicht zu leugnen, dass eine Gemeinde im Einzugsgebiet einer so brodelnden Hafenstadt wie Korinth besonderer Gnade zur Durchführung von Gemeindezucht bedurfte. Nun aber geschah solches Eingreifen der Ältesten unter Aufgabe des spezifischen Gemeindecharakters: **die übrige Gemeinde wurde entrechtet**, wiewohl sie mit geistlichen Mitteln darum rang, Brüder mit vom Herrn geschenkter Autorität einzusetzen. In diesem Anliegen waren die bisherigen Ältesten abgesetzt worden.

Als einer der drei damaligen Zentren der Gemeinde Jesu (Rom, Antiochia, Korinth greift, ---- *und das ist einer der Ansätze zur Vormachtstellung der römischen Gemeinde, später: Kirche* ----- Rom durch ein angesehenes Gemeindeglied brieflich ein.

Es war **Clemens**, aus dessen Brief wir vorhin lasen. Leider hat er dann den biblischen Boden verlassen, wie die Textausschnitte, die ich jetzt vorlese, zeigen:

„Seid den Ältesten gehorsam und demütigt euch kniefällig.....
Lernt euch unterzuordnen. Es ist besser, dass ihr klein geachtet seid, als dass ihr euch gegen andere erhebt."

Clemens stellt sich also eindeutig auf die Seite der Ältesten. Weiter beruft sich der Verfasser auf Ordnungen des Alten Testaments, den Unterschied von Priestern und Laien usw.. **Das aber kam der Sprengung der neutestamentlichen Gemeinde gleich. Es wird eine Führerschicht gutgeheißen, die auch ohne geistliche Vollmacht ihres Amtes über eine unmündige Masse waltet und allein das Privileg geistlicher Dienste hat**. Aus dem Bruder wird der Beherrscher (vgl. dagegen 2. Korinther 1,24; 4,5; 1. Petrus 5,3). Diese Akzentverschiebungen werden sich verhängnisvoll auswirken: "Das Ende ist die Priesterkirche, die Papstkirche, die evangelische Pastoren-Kirche. " (Erich Schnepel). Dieser Verlagerung von "Jesus allein", "Jesus genügt" bedeutet eine Verdunkelung des hellen Lichts des Evangeliums. Aus dem Wort: "niemand kommt zum Vater denn durch mich " (Johannes 14,6) wurde die Mittlerschaft des menschlichen Brückenbauers (Pontifex Maximus = Titel des Papstes) mit einem Stand heiliger Menschen; menschliche Leistungen und Amtsstellung begannen eine Rolle im Heilsgeschehen zu spielen.

Das sieht man an der weiteren Entwicklung. Wenn sich plötzlich aus der Schar der Ältesten einer Gemeinde eine einzelne Führungspersönlichkeit profilierte und volle Anerkennung als unbedingte geistliche Autorität beanspruchte. Die einerseits von großer Liebe zu Jesus geprägten Abschiedbriefe des Bischofs Ignatius von Antiochia, — im Jahre 107 als Märtyrer in Rom hingerichtet, — drücken es mit erschreckender Deutlichkeit aus:

> ***"Folgt alle dem Bischof, wie Jesus Christus dem Vater,***
> ***dem Presbyterium wie den Aposteln, die Diakone aber***
> ***ehret wie Gottes Wort. Im Bischof bleiben wir Gott unterworfen.***
> ***In ihm sollt ihr fürwahr den Herrn selber achten!***
> ***Niemand verrichte eine kirchliche Handlung ohne den Bischof.***
> ***Nur die Abendmahlsfeier ist gültig, die ein Bischof,***
> ***oder ein von ihm gewählter Stellvertreter leitet.***
> ***Wo der Bischof erscheint, da ist Gemeinde."***
> (Vgl. dazu Matthäus 18,20; Apostelgeschichte 20,30; 32).

Wie konnte es nur soweit kommen? Die Aufwertung des einzelnen Bischofs- (= Ältesten) Amtes meinte man aus zwei Gründen betreiben zu müssen:

1. sachgemäße Abwehr von Irrlehren, besonders der Gnosis (erster Tim. 6,20.; 1. Johannes Brief).
2. Autorität rechten Glaubens, besonders in Verfolgungszeiten.

Aus diesen Gründen gehörte es bald zum rechten Christen, sich gehorsam unter die Leitung des Bischofs zustellen. Er übernahm mit dem nun entstehenden Klerus die volle Verantwortung in allen geistlichen und kirchlichen Fragen der Gemeinde und des einzelnen. Während also in der Urgemeinde alle Wiedergeborenen als gleichberechtigte Glieder in der Gemeinde tätig waren, wurden nach und nach die Ältesten (Presbyter, Bischöfe) durch verschiedene Umstände (theologische Verschiebungen, Kampf gegen ihre Irrlehrer und Verfolgung) stark aufgewertet. Der Unterschied zwischen "Geistlichen“ und „Laien" trat unbiblisch hervor. Der Bischof wurde allmählich der alleinige Führer und Herr der Gemeinde.

Die Gemeinde im zweiten und dritten Jahrhundert.

Der Weg vom lebenden Organismus der Gemeinde Jesu als Leib Christi zu einer sich immer mehr versteifenden Amtskirche war nicht mehr aufzuhalten. Im Großen und Ganzen lebte die Gemeinde nicht mehr aus der Unmittelbarkeit Jesu Christi heraus, sondern machte sich abhängig von menschlichen Stützten wie Verfassung, Rechte des Bischofs, Pflichten der Gemeindeglieder, Sicherheitsmaßnahmen der Priester, Verantwortung geistlicher Herrschaft!

Dies alles ließ sie auf ganz andere Grundpfeiler geraten als auf Christus und entzog sich ihrem Herren. Was Wunder, dass sich Christen mit Durchblick für diese gefährliche Lage zum ersten Mal in der Geschichte der Gemeinde Jesu veranlasst sahen, eine Scheidung zu vollziehen und in den Untergrund zu gehen! So wurde dann die wahre Geschichte der Gemeinde durch verborgene Geistes- und Lebensträger weitergeführt; so wurden die klaren Gotteslinien durch den persönlichen Umgang jener Christen mit ihren Herren hindurch getragen, bis das Zeugnis Gottes von der Gemeinde wieder die offizielle Oberfläche durchbrach. Dann geschah je und je Erweckung.

Wie nötig das im zweiten und dritten Jahrhundert war, zeigt die weitere Entwicklung der bischöflichen Macht. Der Bischof als beherrschende Autorität weiß nichts mehr von Markus 10, 42-44 wo es heißt ***„Wer groß sein will soll euer Diener sein wer der erste sein will, soll Sklave sein.“*** Er hat sich in seiner Herrenstellung in Amt und Öffentlichkeit dem weltlichen Gepräge angepasst. Um die lebendigen Kräfte aus Christus zu ersetzen, musste die äußere Ordnung verstärkt werden, vgl. die sieben Sendschreiben der Offenbarung des Johannes, (zum Beispiel Offenbarung 2,1 bis 7!) -

Der unter dem Kaiser Valerian 258 als Märtyrer gestorbenen Bischof Cyprian von Karthago scheute sich nicht zu sagen:

„Außerhalb der Kirche gibt es kein Heil.
Es kann nicht Gott zum Vater haben,
wer die Kirche nicht zur Mutter hat. "
(Vgl. dazu Johannes 14,6!).

Es war verhängnisvoll, dass die Kirche sich die Funktion des Herrn anmaßte. Von dieser Einstellung her war es verständlich, dass es eine ganze Reihe von Christen und Christengruppen gab, die sich von einer solchen Kirche trennten und Laienbewegungen auslösten; von denen noch die Rede sein wird.

Andererseits nahmen durch die Aussagen einer solchen Autoritätsperson die Akzentverschiebungen immer gefährlichere Formen an. Die Blicke wurden immer mehr vom Herrn selbst abgelenkt auf die frommen Menschen und "Heiligen", denen man besondere Verehrung zuwandte. Nach einer Stelle in Makkabäerbuch und einer entsprechenden Auslegung von Hiob 5,1 scheute man sich nicht, auch Apostel, Engel, verstorbene Bischöfe und andere zu „Heiligen" erklärte Personen um Fürbitte und Schutz bei Gott anzuflehen, besonders Maria, die Mutter Jesu; das löste eine Entwicklung aus, die beispielsweise um 600 im ägyptisch-arabischen Raum zu einer neuen Lehre führte: Nicht Vater, Sohn und Heiliger Geist, sondern Vater, Sohn und Maria wurden als göttliche Personen verehrt.

Seit **1950** ist Maria Miterlöserin. Außerdem bildete sich ein Sakramentskult mit von der Kirche verwalteten Gnadenschätzen (Abendmahl, Taufe und anderes). Kirchen und Altäre wurden über Grabstätten von Aposteln und Märtyrern gebaut; Gottesdienste an diesen Stellen und Wallfahrten dorthin wurden zu heilsfördernden und zum Teil heilsnotwendigen Handlungen. Den Überbleibseln von Heiligen schrieb man Wunderkräfte zu (Reliquien). Es begann einen allgemeines Absinken vom Glauben in die Werkgerechtigkeit (Römer 3,23 folgende und 27 folgende.) –

Die drei Verfolgungswellen bis 311.

Nach dem Tod des ersten christlichen Märtyrers Stephanus (Apostelg. 7) folgten sicherlich viele namenlose Zeugen Jesu ins Blutmartyrium nach (Apostelgeschichte 8,1; 9,1 und 2). Anfang der 40er Jahre wurde der Apostel Jakobus der Ältere, Bruder des Johannes, in Jerusalem enthauptet (Apostelgeschichte 12,1 und 2). Im Jahre 62 der leibliche Bruder Jesu und Leiter der Jerusalemer Gemeinde Jakobus der Gerechte, umgebracht. An letztere Begebenheit knüpft der jüdische Geschichtsschreiber Josefus Flavius an, wenn er behauptet, dass die Zerstörung Jerusalems im Jahre 70 die Strafe Gottes für die Hinrichtung Jakobus des Gerechten sei; vgl. Matthäus 24,1 bis 2; und 15 folgende!.
Die jüdischen Christen waren zu jener Zeit aus Jerusalem in das Ostjordanland geflohen; vermutlich ist dies der Personenkreis, an den sich vorwiegend der Hebräerbrief richtet (Hebräer 10,32 folgende; 12,3 folgende).

Christenverfolgung aus persönlicher Willkür bis zum Jahr 100.

Zunächst galten die Christen in den Augen der Römer als eine jüdische Sekte, die auch an der den Juden gewährten Religionsfreiheit teilhatten. Das wurde anders, als die Römer an dem Hass der Juden erkannten, dass es sich bei den Christen um etwas Neues handeln musste. Da war es mit der Duldung aus. Besonders vier Gründe herrschten bei den nun einsetzenden Verfolgungen vor:

1. Religiöse Gründe:

Die Christen lästern die Götter; sie sind Atheisten, "weil man ihren Gott weder zeigen noch sehen kann"; sie sind an allem Unglück schuld, und weil es die Strafe der Götter für ihr atheistisches Verhalten ist (Überschwemmungen in Rom; keine Überschwemmung des Nils, regenlose Zeiten; Erdbeben; Hungersnot; Seuchen) sogleich heißt es: "Vor die Löwen mit den Christen."

2. Politische Gründe:

Die Christen sind Staatsfeinde, denn sie verachten die staatlich anerkannten Gottheiten; sie nehmen nicht an öffentlichen Festen teil, weil dort diese Gottheiten eine Rolle spielen; sie widersetzten sich der göttlichen Verehrung des Kaisers und seines Bildes mit der Parole: "Wir beten <u>für</u> den Kaiser aber nicht <u>zu</u> ihm“; sie hielten nicht viel von weltlichen Dingen und dem stolzen Römerreich; sie waren nicht für Staatsämter und Kriegsdienst zu haben, der römische Geschichtsschreiber Tacitus schrieb: "- - - trägen Geschlechts, unbrauchbar und untätig in Staatsgeschäften, --- Hass gegen das Menschengeschlecht."
Sie bildeten einen Staat im Staate, mit eigenen Gesetzen und Gerichten, und das ist gefährlich.

3. Sittliche Gründe:

Die Christen treiben heimlich Gräuel; bei den Abendmahlsfeiern werden angeblich Kinder geschlachtet; sie trinken Menschenblut; sie essen Menschenfleisch; (Johannes 6, 51 bis 56).

4. Persönliche Gründe:

Christen waren für einzelne persönliche Feinde: unangenehme Rivalen; lästige Mahner; gefährlich für Macht und Ansehen und Einkünfte (z. B. heidnische Priester); ärgerlich in ihrer vorbildlichen Haltung. -.

Der erste römische Kaiser, der aus obigen Gründen die Christen verfolgte, war Nero (54 bis 68); die Verfolgung fand zunächst in Rom statt, wo der Kaiser die Schuld an dem Brand der Stadt von sich auf die Christen abwälzte. Ein besonderer, weiterer Schwerpunkt der Verfolgung lag in den Jahren 81 bis 96 zur Zeit des Kaisers Domitian. Vgl. das Schicksal des Johannes im ersten Kapitel der Offenbarung! Unter dem nachfolgenden Kaiser Nerva (96-98) entspannte sich die Lage wieder: verbannte Christen (auch Johannes) wurden frei; bekamen ihr Eigentum wieder, durften ihre Versammlungen halten. -

Verfolgung durch rechtlich geregelte Christenprozesse.

Unter dem nachfolgenden Kaiser Trajan (98 bis 117) wurde eine erste Rechtsverordnung gegen die Christen ausgegeben. Sie sollte für 150 Jahre gültig sein und wies der willkürlichen Behandlung der Christen durch die Statthalter wesentlich in Schranken: Statthalter Plinius aus Kleinasien stellte eine Anfrage an den Kaiser, was er mit den sich ständig mehrenden Christen in seinem Bereich machen sollte.

Der Kaiser antwortete: "Aufspüren soll man sie nicht. Werden sie angezeigt und überführt, so soll man sie bestrafen, wenn sie nicht Christus abschwören." Namenlose Anklageschriften dürfen aber bei keiner gerichtlichen Entscheidung zugelassen werden."
Trotzdem hieß: sich als Christ zu bekennen == dem Martyrium verfallen sein; unzählige Gläubige, unter ihnen auch Bischöfe, deren Briefe man bis heute überliefert hat (z. B. Polykarp) ließen für Jesus ihr Leben, andere wurden unsagbaren Leiden unterworfen. Unter dem Philosophen-Kaiser Marc Aurel (161 bis 180) verschärfte sich die rechtliche Lage dahingehend, dass die Denunzianten der Christen das Vermögen der Hingerichteten zugesprochen bekommen sollten.

Zentren der Verfolgung waren Kleinasien und Gallien. Danach wurde die Lage der Christen zunächst mit Unterbrechungen wieder günstiger, ja der Kaiser Philippus (244 bis 249) soll sogar Christ gewesen seien.

Planmäßige und allgemeine Verfolgung bis 311.

Mit dem Kaiser Decius (249 bis 251) begann im ganzen Reich eine Verfolgung im großen Stil mit Massenfolterungen und Hinrichtungen. Alle Christen sollten zum Anbetungsopfer gezwungen werden. "Nimm nur zwei Weihrauchkörner zwischen die Fingerspitzen und wirf sie in die Flamme vor dem Kaiserbild, dann bist du frei! (In den Höhlen von Zerikah - spannendes Buch — nachzulesen).

Da gab es schwere Entscheidungen bei den Gemeindegliedern: zum Martyrium oder zum Leugnen Jesu Christi. Auch Kaiser Valerian (243 bis 260) verschärfte die Lage noch durch sofortige Hinrichtung von Bischöfen und Diakonen, die nicht opfern wollten. In einer darauf folgenden 40-jährigen Pause jedoch stieg das Wachstum der sich zu den Christen zählenden Menschen derart an, dass sich um 300 mindestens der zehnte wenn nicht sogar der sechste Teil der Bevölkerung des römischen Reiches zum Christentum bekannte. Die Botschaft von Jesus Christus hatte bis in die höchsten Kreise der Regierung und des Heeres Eingang gefunden.

Danach brach unter der Regierung von Diokletian und Galerius ab dem Jahr 303 der wohl grausamste und schärfster Kampf gegen die christliche Kirche los; auf Grund einer neuen Verfassung musste der römische Kaiser als "Herr und Gott" angeredet werden..

Ein Edikt dieses Jahres bestimmt: Zerstörung der Kirchen, Verbrennung der heiligen Schriften, Entlassung christlicher, höherer Beamte, die Verhaftung der unteren Beamten, und Folterung aller Christen... Vier weitere Edikte gaben den kaiserlichen Untersuchungs-, Folter- und Hinrichtungstrupps jahrelang Arbeit. Die Christen mussten zum Teil schrecklich verstümmelt, einäugig, an einem Bein gelähmt, bis zu ihrem Tod in Bergwerken arbeiten. Sozusagen auf dem Sterbebett erließ dann der Kaiser im Jahr 311 ein Duldungsedikt, das den christlichen Glauben erlaubte, dem folgte im Jahr 313 das Mailänder Toleranzedikt des Kaisers Konstantin, der die christliche Kirche als gleichberechtigt neben dem Heidentum im römischen Staat anerkannte. Die Zeit der Christenverfolgung war zu Ende.

Kaiser Konstantin

Als Konstantin im Jahr 324 Alleinherrscher geworden war, suchte er dem Christentum Vorrang zu verschaffen. Die christliche Kirche wurde zur Staatskirche erhoben. Die Folge war Masseneindrang in die Kirche, Christen in den höchsten Staatsstellen, kirchlicher Reichtum an Grundbesitz, Steuerfreiheit der Geistlichen, schiedsrichterliche Gewalt der Bischöfe, Einführung der gesetzlichen Sonntagsheiligung, Ausstattung der christlichen Hauptstadt Konstantinopel mit prächtigen Kirchen und so weiter.

Aber der Sieg des Christentums war verbunden mit der Stunde der Versuchung für den wahren Glauben an Jesus Christus. Das merkte man, als 325 das erste Konzil von Nicäa unter dem Vorsitz des Kaisers, unter dem Einfluss seiner staatlichen Macht, und dem Füllhorn seiner kaiserlichen Gunst und Güter stattfand. Die meisten aus der Masse des Volkes waren vielfach nicht aus innerer Überzeugung Christ geworden, sondern um der Vorteile willen, die das Christentum nun mit sich brachte. Das brachte ein Absinken des Gemeindezusammenhalts und der hohen Auffassung sittlichen Lebens mit sich. Wenn der Kaiser auch die christliche Fürsorge für Kranke, Witwen und Waisen, als Staatspflicht einführte, so wuchs doch mit Wohlwollen, Herrschaft und Macht des Kaisers über die Kirche, die Abhängigkeit christlichen Lebens vom Kaiser. Die Staatskirche mit Weltlichkeit aller Art entsteht. Und als die christlich erzogenen Söhne des Konstantin an die Macht kamen, wurde es zur religiösen Pflicht jedes Christen, das Heidentum zu unterdrücken und dessen Opferungen mit Todesstrafen zu ahnden. Aus der verfolgten war eine verfolgende Gemeinde geworden. Ab 380 (Kaiser Theodosius) war das Christentum die allein erlaubte Religion im Römerreich, das Heidentum fortan staatlich verboten. Die Gemeinde Jesu aber, die auch mitten unter diesen Verhältnissen kirchlicher Verwirrung hindurchgetragen wurde, musste die Erfahrung machen, dass sie nur gedeihen kann, wenn sie unter dem Kreuz bleibt. Das wurde zum Beispiel deutlich, als die vom Staat autorisierte Kirche damit begann, zwischen linientreuen Kirchenchristen und Abtrünnigen zu unterscheiden und Ketzer vor die staatlichen Gerichtshöfe zu ziehen, so geschehen im Jahr 385, als zum ersten Mal Christen andere Christen hinrichteten, weil man von ihnen sagte, sie seien Ketzer.

Der spanische Edelmann Priscillian wurde mit sechs Anhängern, darunter eine Frau, zum Tode verurteilt und trotz flammenden Protestes zahlreicher Bischöfe in Trier hingerichtet. Grund: Gott hatte Priscillian eine biblische Wiedergeburt geschenkt und durch ihn eine Erweckungsbewegung im Süden und Westen Europas ausgelöst, die größtenteils Laienbewegung, Bruderkreise in Stadt und Land waren; aber auch Bischöfe und Priester wurden davon ergriffen. Das beunruhigte weite, lau gewordene geistliche Kreise, denen dann die Beseitigung dieses Mannes und die Dämpfung der Bewegung durch die Hilfe staatlicher Instanzen und falscher Zeugen gelang. Die erste Ketzerhinrichtung war eine Folge der Verstaatlichung der Kirche.

Wenn Geistesbewegungen sich mit politischen, staatlichen, militärischen, polizeilichen Kräften verbindon, so ist es wie ein keine Ausnahme kennendes Gesetz, dass sie dann auch nicht widerstehen können, diese fremdartigen Kräfte für eine Sache zu gebrauchen, die nur mit geistlichen Waffen durchgekämpft werden kann (Schnepel) - - - Mit der Einführung des Sonntags durch Konstantin wurde die christliche Kirche also zur Staatskirche erhoben und seitdem praktisch bis zum heutigen Tag wurde aus der Gemeinde

Jesu eine Volkskirche. Damals begannen die Massen aus persönlichem Nutzen oft zum Christentum überzutreten, ohne die inneren Voraussetzung zu erfüllen. Zum beruflichen Vorankommen musste man Christ werden. -

Die römische Kirche als Machtkirche.

Wir hörten vorhin von den Verfolgungen der Christen untereinander wegen abweichender Lehrmeinungen usw. In diesen kirchlichen Auseinandersetzungen gewann der **Bischof von Rom immer stärkere Autorität**. Er verstand die Stellung für sich zu nutzen und gewann nach und nach immer größere Vorrechte und damit Macht. Seine Autorität begründete er nachträglich damit, dass Petrus die Gemeinde in Rom geleitet und dort 25 Jahre als Bischof gewirkt habe, bis er unter Kaiser Nero als Märtyrer gestorben sei. Man betonte dabei, dass Jesus gerade zu Petrus gesagt habe: "du bist Petrus, und auf diesem Fels will ich bauen meine Gemeinde, und die Pforten der Hölle soll sie nicht überwältigen. Und ich will dir des Himmelreiches Schlüssel geben. Und alles, was du auf Erden binden wirst, soll auch im Himmel gebunden sein, und alles, was du auf Erden lösen wirst, soll auch im Himmel los sein."
Diese Verheißung mit dem großen Auftrag sei nach dem Tod des Petrus auf seinen Nachfolger übergegangen. Deshalb sei der Bischof von Rom und später der Papst der rechtmäßige Nachfolger Petri und somit der Stellvertreter Christi auf Erden. Er habe damit das unantastbare Recht, **alles** auf Erden zu lösen oder zu binden: geistliches und weltliches, Rechte und Verträge, die Ehe und Familie, Throne und Staaten, Kirchen und Völker. Diese Behauptungen und Rechtsansprüche konnten nicht unbestritten stehen bleiben. Besonders fraglich war, dass Petrus 25 Jahre Bischof in Rom gewesen sein sollte. Dafür gibt es keine stichhaltigen Anhaltspunkte. - Jedoch der Machtanspruch Roms hat sich durchgesetzt. Er führte dazu, dass sich die römische Gemeinde und Kirche allmählich zur Machtkirche entwickelte. In

Rom lagen die Fundamente für das Entstehen des Papsttums..... - als erster Papst kann man Leo den Ersten (der Große) ansehen. Er bekleidete sein Amt von 440 bis 461. Sein Einfluss wurde weiter gestärkt, als er beim Einfall der Hunnen unter Attila deren Abzug erreichte. Dem Kaiser war das nicht gelungen. In der Folgezeit erstarkte das Papsttum weiter.

Papst Gregor der Große 590 bis 604 schraubte die Ansprüche des Papstes so hoch, dass er behauptete, er habe nicht bloß die Herrschaft über die gesamte Kirche auszuüben, sondern auch über den Staat, d. h. über den Kaiser. Ein Höhepunkt dieses Machtkampfes war die erzwungene Demütigung Kaiser Heinrichs IV vor Papst Gregor VII. im Jahre 1077 in Canossa. Derselbe Papst führte 1074 die Ehelosigkeit für alle Kirchenbeamten durch (den Zölibat).

1054 vollzog sich die folgenschwere Kirchenspaltung der Gesamtkirche in die griechisch-katholische Kirche (Konstantinopel) und die römisch-katholische Kirche (Rom). Sie lebten sich in der Zwischenzeit immer mehr auseinander, haben sich aber inzwischen wieder ausgesöhnt. - Dem römischen Papsttum ist seine immer größer gewordene Machtstellung schlecht bekommen. Neben sittlich hoch stehenden Päpsten gab es viele Schwächling, die die Kirche und die Priesterschaft von der biblischen Grundlage wegführten und dadurch zur Entartung des biblischen Lebens beitrugen. Es gab Päpste, die in wilder Ehe lebten.

Gegen diese Entartung standen mutige Männer auf, die zur Rückkehr riefen - zum gesunden biblischen Fundament. Dazu gehören unter anderem Petrus Waldus, Franz von Assisi, Savonarola, John Wicliff, Johannes Hus; sie gelten als **Vorläufer der Reformation**. - Auf diese Männer kommen wir noch zurück.

Geisteskämpfe des 4. Jahrhunderts.

Die Person Jesu

Bei den Geisteskämpfen in der Kirche ab der Zeit der letzten Apostel bewegte die Christenheit die **Gottheit Christi** von den Bischöfen bis zu den Marktweibern. Die eine Gruppe unter dem Presbyter Arius (Alexandria) behaupteten, dass Jesus zwar gottähnlich sei, aber nicht Gott gleich. Die andere Gruppe unter dem Kirchenvater Athanasius, (Bischof von Alexandria) vertrat die biblische Stellung: Jesus sei nicht nur dem Vater ähnlich, sondern wahrer Gott, vom wahren Gott gezeugt und nicht geschaffen.

Sünde und Gnade I

Ein weiterer Streit brach aus zwischen dem Kirchenvater Augustin und dem britischen Mönch Pelagius. Letzterer war der Meinung, dass der Mensch seit dem Sündenfall **nicht ganz** verdorben sei, sondern noch einen guten göttlichen Kern in sich trage, den man mit Hilfe der Gnade Gottes und ernstem Heiligungsstreben wieder zur Geltung bringen könne.

Donatisten

Dann gab es im Norden Afrika eine Gruppe der Donatisten, eine sehr sittlich strenge Bewegung im Blick auf den Lebenswandel der Bischöfe und geistlich Verantwortlichen. So wurden nicht mehr alle Bischöfe anerkannt und die Folge war, dass der Kaiser gegen sie mit Gewalt vorging. (Märtyrer)

Übrigens. - die vorhin genannten Gedanken des Pelagius, dass der Mensch einen guten, göttlichen Kern in sich trage, dass also die Rettung zum ewigen Leben ein Zusammenwirken von menschlicher Tugend und göttlicher Gnade ist; **dieser Lehre folgt die katholische Kirche bis heute**. Augustin, sein Gegenspieler, lehrte biblisch, die totale Verderbtheit und das radikale Ausgeliefertsein des Menschen an die Sünde, wodurch alle Möglichkeit, göttlich gut zu sein, verloren gegangen ist. Da hilft nur unbedingte Gnade als Schöpfermacht, einen neuen Menschen zu schaffen, der aus Gnaden ist, was er ist. An diese neutestamentliche Erkenntnis knüpft später Luther an.

Gnosis

Wie wir weiter vorne schon kurz angedeutet haben, gab es schon am Ende der apostolischen Zeit ernsthafte geistliche Verschiebungen des christlichen Lebens durch die so genannte Gnosis, einer weit verbreiteten Weltanschauung und Geistesströmung des Hellenismus. Man kann darin einen Angriff der griechischen Geisteswelt auf das Christentum sehen.

Die Anhänger dieser Lehre, die Gnostiker machten aus dem Evangelium eine Geheimlehre für Geistesmenschen; und um ein solcher zu werden, musste in völliger Verdrehung altetestamentlicher und neutestamentlicher Aussagen als Wahrheit aufgenommen werden: der böse Weltenschöpfer des Alten Testaments hindert die Menschen an der wahren Gotteserkenntnis, deshalb sandte der ewige Urgrund den Christus aus der oberen Welt. Er verband sich zum Schein mit dem Menschen Jesus, dieser Christusgeist belehrte einige Gnostiker (Jünger) über den wahren Ursprung als Kinder des Lichts; angesichts der Racheakte des Weltenschöpfers und dessen unerlös-

baren Seelen- und Fleischesmenschen verließ dann der aus der oberen Welt stammende Christus wieder seinen Scheinleib. Am Kreuz endete nur der sterbliche Mensch Jesus.
Warnungen vor solcher Lehre finden sich vor allem im Kolosserbrief, 1. Thess. Brief und dem ersten Johannesbrief; es wird aber auch vor dem Lebenswandel dieser Gnostiker gewarnt, der sich - da sie ja „so genannte Geistesmenschen " waren, ohne sittliche Maßstäbe als " recht frei " erwies. Der Gnostiker hatte geradezu einem Freibrief zur Sünde; er beweist nur die Unantastbarkeit eines Geistesmenschen, wenn er sich in tiefste Laster stürzt (vgl. ersten Johannes Brief und Sendschreiben der Offenbarung).
Um sich gegen solche Einflüsse zu schützen, begann die Gemeinde, die im Umlauf befindlichen Schriften und Briefe zu sichten. Und man kann nur sagen, dass ihr sehr bald schon unter der Leitung des Geistes Gottes der Kanon des Neuen Testamentes geschenkt wurde.

Kanon der Heiligen Schrift.

Andererseits hatten eine ganze Reihe griechischer Denker ihr philosophisches Gedankengut mit in ihr Christenleben gebracht. Und so ernst sie es persönlich auch im Glauben nehmen mochten, viele erlagen der Gefahr, aus dem schlichten Zeugnis von der Botschaft Jesu eine "christliche" Weltanschauung zu machen. Es zeigte sich, dass selbst mit einer großen Liebe zu Christus eine Gedankenbildung verbunden sein kann, die für den Weg der Gemeinde Jesu zum Verhängnis zu werden vermag:
unsere Gedanken *über* Jesus sind niemals der eigentliche Nerv (der eigentliche Lebensnerv unserer Verbundenheit *mit* ihm), und können darum nie die eigentliche Basis der Gemeinde sein.
Aber die Intellektualisierung der christlichen Kirchen durch den Einbruch griechischen Denkens war am Ende des 4. Jahrhunderts nicht mehr aufzuhalten.

Notizen zur Kirchengeschichte des frühen Mittelalters.

Alle Irrwege menschlichen, christlichen, kirchlichen Lebens hinderten nicht daran, dass das wahre geistliche Leben der unüberwindlichen Gemeinde Jesu sich Bahn durch die nachfolgenden Jahrhunderte brach.
Jedoch: die langsame, aber stetige Entwicklung der römischen Kirche als Führerin und Herrscherin aller anderen Kirchen nahm ihren Lauf. Ihre Verbindung zum Staat machte sie selbst zu einem solchen Machtgebilde, dass sie sich darauf einlassen konnte, mit Königen und Kaisern um die Vorherrschaft zu kämpfen. Die intellektuelle Arbeit der Kirche, besonders der so genannten Scholastiker, verarbeitete schließlich christliches und antikes Gedankengut derart miteinander, dass eine fest gefügte Weltanschauung und eine geschlossene Lebensordnung entstand, die vom Papst als dem Herrn über alles, jedem seinen vorbestimmten Platz anwies. Wer sich da nicht eingefügte und unterstellte, musste sich daher an Gott und Menschen schuldig machen.

ORDO - von Thomas von Aquino 1225 bis 1274

Wer sich dieser Ordnung (siehe nächste Seite) nicht fügte, wurde durch den seit 1210 systematisch arbeitenden Gerichtshof der Inquisition hingerichtet. - und es gab viele Gläubige Christen und Einzelpersönlichkeiten, die sich dieser Lebensordnung nicht fügten, durch die Gott Erweckungen und Laienbewegungen schenkte, die ausgerottet wurden, ja ganze Gemeinden und Gegenden, die sich dem römischen Glaubenszwang nicht beugen wollten, wurden hingerichtet, weil sie es vor Jesus und seinem Wort nicht mit gutem Gewissen verantworten konnten. -
Dabei konnten die Gegner dieser bibelgläubigen aber damals kirchlicherseits verlorenen Gemeinden die Wahrheit nicht verhehlen; und so schrieb Bern-

hard von Clairvaux: "...wenn du sie nach ihrem Glauben fragst, so könnte nichts christlicher, wenn du auf ihren Wandel achtest, nichts untadeliger sein, und ihre Lehre bekräftigen sie durch ihren Wandel... Was könnte einem Christen ähnlicher sein?... " Und der Inquisition Rainer: „.. Sie besitzen einen großen Schein der Gottseligkeit, indem sie vor den Menschen einen rechtschaffenen Glauben haben und in allen Glaubensartikeln leben."

Folgende Reihenfolge war anzuerkennen:

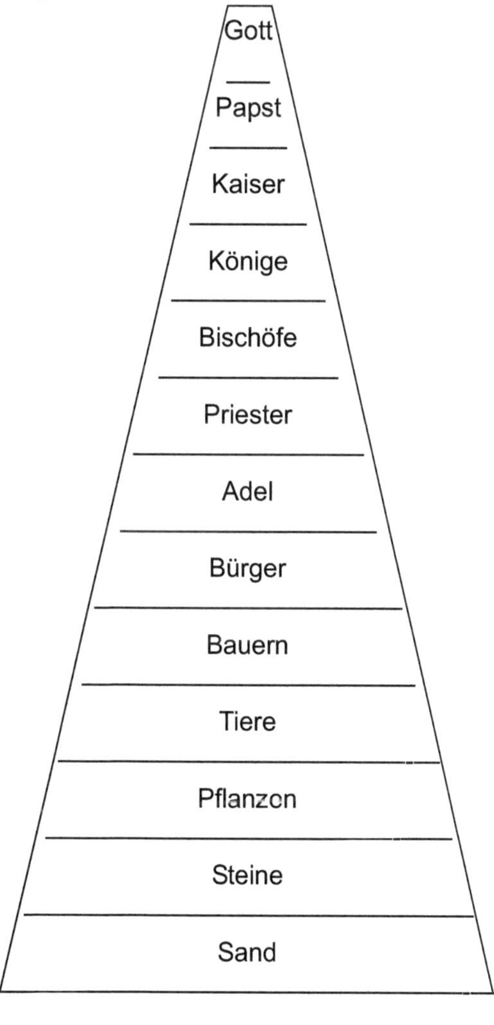

Vorreformatorische Zeit

Notizen zur spätmittelalterlichen Kirchengeschichte

Wie sah es vor der Reformation in der Kirche aus? Was gab es außer Verfolgern und Verfolgte, Kreuzzügen und Mönchsorden, Kirchenhierarchie und Machtkämpfen zwischen Staat und Kirche? Eine zunehmende Verweltlichung war eingetreten. Kirchliches Leben bewegte sich in immer größerer Bibelferne. Heiligenfiguren und Legenden standen im Vordergrund, besonders Maria als Fürsprecherin beim Weltenrichter Christus, der immer mehr in den Schatten der Heiligen geraten war. Und für alle Lebensfälle gab es Schutzheilige (Patrone), Maria wurde zur Himmelskönigin und Zufluchtstätte der Gläubigen. Die Unterscheidung des Priesterstandes von den Laien war deutlich vollzogen:

Chor-Schranke in der Kirche,
lateinische Liturgie;
Weihen und Messen in der Hand der Priester;
Macht der Kirche, besser der Priester, über die Gnadengaben
der sieben Sakramente (Taufe, Firmung, Eucharistie, Buße, letzte Ölung, Priesterweihe, Ehe). In der evangelischen Kirche gibt es nur zwei Sakramente: die Taufe und das Abendmahl, -

weiter:

das alleinige Recht des Priesters, den Abendmahlswein zu nehmen.

Der Leistungsgedanke fand seinen Ausdruck in den verschiedensten Werken, die vom Gebet und Gelübde über Prozessionen und Wallfahrten, sowie Ablass- und Reliquienkult bis zur Nächstenliebe und praktischen Versorgung Armer und Kranker reicht.

Viele Irrlehren konnten sich breit machen:

die Lehre vom Fegefeuer,
von der Werkgerechtigkeit,
von der Heilsnotwendigkeit der Ohrenbeichte,
von der Stellung des Papstes als Verwalter der Gnadengaben
und überschüssigen Verdienste der Heiligen und anderes.

Die Bibel in der Landessprache in den Händen von Laien war grundsätzlich verboten; sie war außerdem damals so teuer wie der Preis für drei fette Ochsen. -

Darüber hinaus gab es in manchen Klöstern und Orden, Brüder- und Schwesternhäusern, Kirchen und Gemeinden eine nicht geringe Anzahl von suchenden Menschen, nach dem lebendigen Gott sich sehnenden Menschen, unter ihnen viele Mystiker.
Wenn man die Zeit der Vorreformation auf vorbereitende Ereignisse für die Reformation hin untersucht, wird man besonders auf die vier Vorreformatoren hingewiesen, die auch das Lutherdenkmal in Worms zeigt: Petrus Waldaus (ab 1177), John Wicliff (um 1320 bis 1384), Johannes Hus (etwa 1370 bis 1415) und Hieronymus Savonarola (1452 bis 1498).

Vorreformatorische Gestalten.

Petrus Waldus, in Südfrankreich bei Lyon, gilt als der erste, früheste Vorreformator. Er verbreitete die Bibel in der Landessprache, zog gläubige Laien in die Mitverantwortung bei der Ausrichtung des Evangeliums und trat trotz Lebensgefahr für die Wahrheit ein, auch wenn dies die Aufdeckung kirchlicher Missstände mit sich brachte. - Petrus Waldus suchte bewusst, ähnlich wie Franz von Assisi, den Weg der Armut, aber im Gegensatz zu Franz unterstellte er sich nicht der Oberleitung des Papstes. Sein gelebtes Wort machte auf die ärmere Bevölkerung tiefen Eindruck.

Bald schlossen sich ihm Männer und Frauen an, die bereit waren, das gleiche Leben zu führen. Auch diese fingen dann an zu predigen, ohne nach kirchlicher Sendung und Genehmigung zu fragen. Waldus fühlte sich dabei keineswegs im Gegensatz zur Kirche, sondern er wollte zunächst nur eine Lücke im geistlichen Leben füllen. Doch die Kirche fühlte sich in ihrer Macht bedroht und auf der Synode zu Verona wurde 1184 durch Papst Lucius II. der Bann gegen die Waldenser ausgesprochen. Trotz der einsetzenden Verfolgungen breitete sich die Bewegung weiter aus nach Frankreich, Italien, Deutschland.

Waldensische Gemeinden entstanden in Thüringen, in der Mark Brandenburg, in Böhmen und Mähren, (da wurde die Keimzelle der böhmischen-mährischen Brüder, später der Herrnhuter, gelegt), Schlesien, Preußen und Polen. Überall schlossen sich Menschen neu gegründeten waldensischen Gemeinden an. Sie wurden durch grausame Verfolgungen zum Teil bis zum letzten Mann ausgerottet. Ein Inquisitor berichtet: "Die Waldenser sind am besten an ihrer stillen und eingezogenen Lebensweise zu erkennen. Sie sind ohne Hochmut und tragen weder kostbare noch unsaubere Kleider. Handelsgeschäfte machen Sie nicht, um Neid und Lüge und Betrug zu vermeiden, sondern sie leben von ihrer Hände Arbeit. Auch ihre Lehrer sind Handwerker. Sie sammeln keine Reichtümer, sind mit dem Notwendigsten zufrieden. Die Waldenser sind vor allem keusch, mäßig in Speise und Trank. Weder die Schänken, die Tänze, noch ähnlich Vergnügungen suchen Sie auf. " Soweit die Worte eines Inquisitors.

Das alles ist das Erbe ihres geistlichen Vaters Petrus Waldus. Im 15. und 16. Jahrhundert wurden sie auf die Hochtäler in den französischen und piemonteischen Alpen zurückgedrängt. Unter unsäglichen Mühen und Kämpfen haben sie sich hier gehalten und sind heute die evangelische Kirche Italiens.

John Wicliff

Wicliff wird für den bedeutendsten der Vorreformatoren gehalten. Katholischerseits hatte er den Beinamen der "größte Ketzer des Mittelalters" bekommen. Wicliff war Pfarrer und Professor in Oxford. Durch die Bibel ermutigt, trat er gegen die päpstliche Anmaßung auf, die vom englischen Staat Unterwerfung und Geldzahlung fordert. "Das Amt der Päpste ist nicht in der Schrift begründet, das Haupt der Kirche kann nur Christus sein, nicht der Papst."
Er übersetzte die Bibel aus dem lateinischen ins englische und ließ sie durch Wanderprediger von Ort zu Ort verteilen und verkündigen, da er erkannte, dass nur das in der Bibel geoffenbarte Wort Gottes Richtschnur des Glaubens sein dürfe, alles andere seien Menschensatzungen: so prüft er unerschrocken alle kirchlichen Lehren und Bräuche an der Heiligen Schrift und rief alle Christen dazu auf, das gleiche zu tun. Alle Versuche, Wicliff zu beseitigen, schlugen fehl, da der englische König ihn deckte. Erst nach seinem Tod im Jahre 1384 wurden seine Anhänger verfolgt und umgebracht; nur geheime Reste konnten sich halten. Als auf Befehl vom Papst Martin V. im Jahre 1427 der Leichnam von Wicliff ausgegraben wurde, sagte der Papst: "Einen verfaulenden Leichnam hat man gefunden; aber sein Geist hat als drohende Macht bereits ein Volk in die Geisterschlacht geführt, die Böhmen in der Person von Hus."

Johannes Hus

Johannes Hus war durch Studenten, die Wicliffs Schriften aus England mitgebracht hatten, um 1400 zum Vorreformator geworden. Er war Pfarrer und Professor in Prag. Auf Grund seines furchtlosen Eintretens für die biblische Wahrheit und gegen die Irrtümer der Kirche wurden er und die Stadt Prag mit dem großen Kirchenbann belegt. Er musste die Stadt verlassen und sich einige Zeit später unter der Zusicherung freien Geleits des deutschen Kaiser Sigismund vor dem Konzil zu Konstanz verantworten. Dort wurde er gegen Treu und Glauben im Klostergefängnis angeschmiedet, zum Tode verurteilt und öffentlich verbrannt. Die Konzilsväter lachten über Hus´ Gebet „Gott möge meinen Feinden vergeben". Bekannt geworden ist seine Weissagung:

"Nach meinem Tod wird Gott einen Menschen senden, einen Mann, der stärker ist als ich. Heute bratet ihr eine Gans. (Hus bedeutet Gans auf deutsch), aber aus ihrer Asche wird ein Schwan erstehen."

(Ist damit Luther gemeint gewesen?) Seine Asche landete im Rhein.

Savonarola

Hieronymus Savonarola war Prior des Klosters San Marco in Florenz und ein gewaltiger Bußprediger. Dabei ging er mit biblischer Klarheit gegen Missstände und Veräußerlichung des Glaubens an. Seine Aussagen sprechen für sich: "Niemand kann die Schrift verstehen, er sei gelehrt oder ungelehrt, wenn ihm das Licht fehlt, aus dem sie hervorgeht. - Das Gift ist in Rom so angehäuft, dass Frankreich, Deutschland und alle Welt davon angesteckt ist. Es ist so weit gekommen, dass man jeden vor Rom warnen muss und dass es heißt: willst du deinen Sohn verderben, so mache ihn zum Priester. Rom, du bist krank bis zum Tode, Du hast Gott verlassen, du, Herr Jesus, bist mein Pfarrer, mein Bischof und mein Papst! "

Als er zum Karneval eine große "Verbrennung der Eitelkeiten" anordnete und alle Vergnügungen verbot, verstand ihn das Volk nicht mehr. Er wurde gehenkt und öffentlich auf dem Rathausplatz verbrannt. Seine im Kerker hinterlassene Auslegung zu Psalm 51 zeugt von seinem völligen Vertrauen auf Gottes Gnade und Evangelium.

Weitere Vorbereiter der Reformation

Als weitere Vorbereiter der Reformation müssten genannt werden:

1. Die "**Brüder vom gemeinsamen Leben**", die in festen Hausgemeinschaften lebten und durch praktische Nächstenliebe, Arbeit an Schülern, werdenden Geistlichen und Erwachsenen die Entdeckung religiöser Innerlichkeit sowie die Stärkung des guten Willens, Gott zu dienen, im Auge hatten. Diese Brüder leben heute noch in Oberkalbach bei Fulda; damals nannte man sie die Null-Brüder. Sie lebten ein praktisches Jesusleben aus. Auch Luther wurde als Junge von ihnen unterrichtet. "Solche Brüder und Schwestern gefallen mir recht gut", sagte er.

2. Die **Humanisten**, gelehrte Leute, die aus den Schriften der Römer und Griechen eine edle, humanistische Bildung zu schöpfen suchten. Sie riefen zwar nicht zu Jesus Christus, bereiteten aber durch das Studium der alten Sprachen und die Geschichtsforschung wertvolle Hilfsdienste vor. Der angesehenste unter ihnen, Erasmus von Rotterdam, gab das griechischen Neue Testament heraus, der Großonkel von Luthers bestem Freund Melanchthon, Johannes Reuchlin, die erste hebräische Grammatik; so konnten beide Bibelteile gründlich in den Ursprachen studiert werden, - Voraussetzungen zu Luthers Bibelübersetzung.

Die Reformation

Martin Luther.

Luther wuchs in einer aufregenden Zeit auf. Knapp 25 Jahre vor seiner Geburt ging der 100-jährige Krieg zu Ende, wo England seinen Festlandbesitz an Frankreich verlor. Der Buchdruck war erfunden. Kolumbus war auf dem

Weg nach Westindien (Amerika). Mit Raffael ebenfalls 1483 geboren wie Luther, Albrecht Dürer 1471, Michelangelo Buonarotti, 1475, Tizian 1477 und Leonardo da Vinci erreicht Europa den ersten Höhepunkt seiner Kunstentwicklung. Thomas Münzer (sozialrevolutionärer Reformator), der Naturwissenschaftler Kopernikus, der Kaufmann Fugger, der Entdecker Magellan, der Arzt und Naturforscher Paracelsus, der Dichter und Herrscher Lorenzo di Medici wurden geboren; dieses Ende fünfzehntes und Anfang sechzehntes Jahrhundert brachte den jahrhundertelangen Ruf nach einer Reformation der Kirche in Erfüllung, durch den Mann, auf dessen Ast wir heute alle noch sitzen: Martin Luther.

Martin Luther, geboren 1483 in Eisleben am Harz, stammte aus altem Bauerngeschlecht; hingegen sein Vater war ein ärmlicher Bergmann, der es erst durch unendlichen Fleiß zum Ratsherren und Aktionär von Schächten und Hüttenwerken brachte. Die strenge Erziehung der Eltern verankerte Martin und seine sieben Geschwister in der Gottesfurcht katholischen Glaubens: er lernte Christus als den kommenden Weltenrichter fürchten, Maria als die Zuflucht in allen Nöten lieben. Nach einer 13-jährigen Schulzeit, bei der er auch Einblicke ins Klosterleben bekam, studierte er mit großem Fleiß an der Universität Erfurt, wo er mit 20 Jahren das Magisterexamen ablegte. Er muss beliebt gewesen sein; Er verband große Gründlichkeit, und klares Denken und eine tiefe Frömmigkeit mit kontaktfreudiger, leutseliger Fröhlichkeit. Da wurde er durch den Tod eines Freundes, eine gefährliche Beinverletzung und einen Blitzschlag vor die Frage gestellt: "Was wäre aus mir geworden, wenn ich gestorben werden? Was muss ich tun, um in Gottes Gericht zu bestehen? ". Um ein in dieser Lebenskrise gesprochenes Gelübde einzulösen, wurde er 1505 Augustinermönch. Und obwohl mit größtem Ernst betrieben, brachte ihm das Mönchsleben doch nicht die Lösung seiner Fragen. Das blieb auch so, als er geweihter Priester war. Da bereitete Gott schon durch den Ordensgeneral und Seelsorger Luthers, Dr. Johann von Staupitz, eine

Lebenswende vor: "Christus ist die Vergebung der Sünden! Man muss den Mann anschauen der Christus heißt! "Luther schrieb später an Staupitz: "Durch dich ist mir zuerst das Licht des Evangeliums aus der Dunkelheit in meinem Herzen aufgegangen."

Luthers Wiedergeburt

Zunächst schien ihm aber der seelsorgerliche Trost nicht die Hilfe zu sein; denn Christus als Erlöser passte nach seinem Schriftverständnis nicht zu den erschreckenden Worten von Gottes Gerechtigkeit. Jahrelang steckt er in der Haltung:

1. " wie bekomme ich einen gnädigen Gott?"
2. „die Angst mich zu verzweifeln trieb."

Inzwischen wurde er Professor der Philosophie an der Universität in Wittenberg, anschließend auch Professor der Theologie und gelobte in seinem Doktoreid, dass er die Bibel "treulich und lauter zu predigen und zu lehren" sich verpflichtete. Dies war ihm bei seinem inneren Zustand eine Qual. Da erbarmte sich Gott über ihn. Als er im Jahr 1513 in der Turmstube des Klosters zu Wittenberg über dem ersten Kapitel des Römerbriefs arbeitete. Ihm kam die Erleuchtung bei Römer 1,17, dass die Gerechtigkeit Gottes nicht eine **fordernde**, sondern eine **schenkende** Gerechtigkeit Gottes ist.
In seiner Vorrede zur Gesamtausgabe seiner Werke von 1540 schreibt er über dieses so genannte "Turmerlebnis": "Dabei ist mir, als wäre ich ganz von neuem geboren und durch geöffnete Türen ins Paradies eingetreten. Die ganze Bibel hatte für mich ein anderes Gesicht erhalten." Er fing an, die Gerechtigkeit Gottes zu begreifen, kraft derer der Gerechte aus Gottes Gnade selig wird, nämlich durch den Glauben.

Von da an lebte Luther in "getroster Verzweiflung" und großer Freude, die eine starke Ausstrahlungskraft auf seine Mitmenschen hatte. Von nun an predigte er Gottes Gerechtigkeit nicht mehr als fordernde, sondern als schenkende, zuteilwerdende. Mit keinem Gedanken dachte Luther daran, dass diese neue Entdeckung im Widerspruch zu seiner Kirche stehen könnte. Über drei Jahre lang verkündete er diese Botschaft unangefochten und legte "die Briefe des Mannes aus Tarsus mit wunderbarer Vollmacht aus." - (Dr. von Staupitz).

Das Aufbrechen der reformatorischen Bewegung.

Ausgelöst wurde die Reformation erst entscheidend durch Luthers Anschlag der 95 Thesen an die Schlosskirche zu Wittenberg am 31.10.1517 aus **Anlass des Ablasshandels der katholischen Kirche**. Darin ging er gegen käuflich erworbenen Frieden und falsche Heilssicherheit an und stellte die biblische Erlösung durch das Evangelium der Gnade hell heraus. Obwohl diese Sätze nur in lateinisch geschrieben und nur für wissenschaftliches Gespräch gedacht waren, erregten sie ungeheures Aufsehen und verbreiteten sich mit einer Schnelligkeit in Deutschland und den Nachbarländern, dass sie nach vier Tagen schon in Nürnberg in deutscher Sprache bekannt waren. Neben vielen begeisterten Zustimmungen von Bischöfen, Priestern und Laien bekam Luther erbitterten Widerstand von Seiten kirchlicher Verantwortlicher zu spüren und wurde schließlich als Ketzer verdächtigt und angeklagt.
In der Kraft Gottes widerstand er dem Haupt des berüchtigten Ketzergerichtshofs der Inquisition, Kardinal Cajetan, und musste sich mit päpstlichen Gesandten und papsttreuen Gelehrten auseinandersetzen.
Als der Papst Luther 1520 eine Bannandrohungsbulle mit der Verwerfung von 41 seiner Sätze sandte, glaubte Luther zunächst nicht, dass das Oberhaupt der Kirche auf seine ehrlichen Bemühungen so antworten könne; erst als er sich von der Echtheit des Schreibens überzeugt hatte, tat er den ent-

scheidenden kirchengeschichtlichen Schritt: er verbrannte die Bannandrohungsbulle öffentlich am 10. Dezember 1520 und hatte dadurch endgültig mit Rom gebrochen.. Die Antwort des Papstes war darauf der feierliche Bann über Luther am 3. Januar 1521.

Um ihn nun nicht fallen lassen zu müssen, brachte es Luthers Landesherr, der sächsische Kurfürst Friedrich der Weise, fertig, Luther mit freiem Geleit vor den Reichstag zu Worms zu bringen. Und dort bekräftigte Luther in zwei Verhören die biblische Wahrheit seiner Schriften, von der er nicht weichen wolle, wenn man ihn nicht durch das Zeugnis der Heiligen Schrift widerlegen könne, mit dem uns heute überlieferten Zusatz:

".....hier stehe ich, ich kann nicht anders, Gott helfe mir! Amen!"

Er erhielt zwar wieder freies Geleit, wurde aber mit der Reichsacht belegt und war fortan für vogelfrei erklärt.

Luthers Bemühen um die biblische Gemeinde und christliches Leben.

Um Luther vor dem Zugriff seiner Feinde zu schützen, brachte sein Landesherr ihn durch einen vorgetäuschten Überfall in die schützenden Mauern der Wartburg bei Eisenach. Unter großen Anfechtungen und seelischen Nöten benützte Luther die strenge Abgeschlossenheit dazu, eine deutsche Übersetzung des Neuen Testaments zu schaffen (1522 - in drei Monaten, die so genannte September-Bibel).

Gegenüber den schon bestehenden 14 hochdeutschen Übersetzungen der vollständigen Bibel war Luthers Neues Testament **eine große sprachschöpferische Leistung** und viel leichter verständlich; 5000 Stück zu zirka 60 Goldmark waren schon nach drei Monaten vergriffen.

Ein Gegner Luthers schrieb dazu: "Luthers Neues Testament war in so großer Zahl ausgesprengt, dass auch Schneider und Schuster, ja auch Weiber und andere Einfältige, so viele derer das neue lutherische Evangelium angenommen, die auch nur etwas wenig Deutsch lesen gelernt, dasselbe gleich als einen Brunnen aller Wahrheit in höchster Begier lasen. Etliche trugen dasselbe mit sich herum und lernten es auswendig. - "
Die Übersetzung des Alten Testaments ließ noch über ein Jahrzehnt auf sich warten und war eine Gemeinschaftsarbeit Luthers mit seinen Mitarbeitern (1534: in 40 Jahren wurden dann Hunderttausend Gesamtbibeln verkauft). Es war ein Meisterwerk, den griechischen und hebräischen Grundtext in eine flüssige deutsche "Schrift-"sprache umzusetzen, einem Gemisch von sächsischer Kanzlei- und alltäglicher Umgangssprache. Im Jahre 1529 erschien dann auch ein Katechismus, knappe Erklärungen zu den Hauptstücken des christlichen Glaubens.

Gemeindeordnung und Kirchenverfassungen

Luther musste sehr bald von seiner sicheren Wartburg nach Wittenberg zurückkehren, allen Gefahren zum Trotz. Die Reformation war in Gefahr, in eine schwärmerische Bewegung mit dem Vorrang persönlicher Erleuchtung vor der Autorität des Wortes Gottes und in eine Bewegung auszuarten, die richtige Erkenntnis gewaltsam durchsetzen wollte. Acht Tage hintereinander wandte er sich gegen die herrschenden Missverhältnisse und -verständnisse in seinen Predigten und schaffte Ordnung in den Gemeinden. Ebenso musste Luther gegen falsch verstandene Freiheitsbestrebungen von Rittern und Bauern vom Evangelium her scharf Stellung nehmen. Auch um eine neue Kirschenverfassung und Kirchenleitung musste sich der Reformator kümmern. Unter der Leitung der Landesherren als " Notbischöfe " wurden landesherrliche Kirchenbehörden (= Konsistorien) eingerichtet mit Superintendenten als Aufsicht für die Pfarrer. Die Geistlichen bildeten nicht mehr einen von den Laien wesentlich unterschiedenen Stand. Nach Luthers Anschauung vom allgemeinen Priestertum sind sie von der Gemeinde beauftragte Diener mit der Aufgabe, das Wort Gottes öffentlich auszurichten.

Gemeindeleben und Gottesdienst.

Luther wollte nur ändern, was um des Evangeliums willen geändert werden musste. Die lateinische Sprache im Gottesdienst wurde abgeschafft, Schriftlesung und Auslegung traten in den Mittelpunkt, das Messopfer entfiel, der Zwang zur Beichte ebenfalls; alles war auf ein direktes Verhältnissen der Gemeinde zu Gott ausgelegt: "Im Gottesdienst redet Gottes mit uns durch sein heiliges Wort, und wir reden mit ihm in Gebet und Lobgesang." Hier setzte Luther mit kräftigen, kernigen Liedern ein, die -- teils von ihm selbst gedichtet und komponiert -- raschen Eingang in die Gemeinden fanden. Ein Gegner Luthers äußerte: " Luthers Lieder haben mehr Seelen verführt, als alle seine Schriften und Predigten." Er wollte nichts erzwingen, ebenso nicht eine einheitliche Gottesdienstordnung für alle; es sollte nur nichts geduldet werden, was gegen die Heilige Schrift wäre. Außer sonntags gab es auch täglich morgens und abends Gottesdienste.

Schulwesen und Nächstenliebe.

Mit Nachdruck forderte Luther die allgemeine Schulpflicht und bestimmte, dass die Heilige Schrift „in den höheren und niederen Schulen die vornehmste und gemeinste Lektüre“ sein solle, besonders angesichts des großen Mangels an biblischer und geistlicher Erkenntnis. Bei seinen "Schulvisitationen" litt er sehr unter der Unkenntnis christlicher Lehre. Sein entscheidender Mitarbeiter in diesem Punkt war sein Freund Philipp Melanchthon mit dem Ehrennamen "Praeceptor Germaniae " (Lehrer Deutschlands). In all seinen Schriften wies Luther immer wieder darauf hin, dass ein Christ einen Glauben habe, der in der Liebe tätig werden müsse, ohne dabei an verdienstliche Werke zu denken. Gezielte Geld- und Güterzuwendungen wurden zur Behebung von Armut, Linderung von Arbeitsunfähigkeit und Hilfe bei Krankheiten eingesetzt. Das wirkte sich besonders in Seuchenzeiten aus, in denen auch Luthers Haus anfing, " ein Hospital zu werden " . Es gibt einen Aufbruch der Einzeldiakonie durch die Lande der Reformation. -

Die wichtigste Schriften Luthers

Von entscheidender Bedeutung waren neben den erwähnten 95 Thesen besonders die drei reformatorischen Hauptschriften von 1520. In der ersten Schrift "An den christlichen Adel deutscher Nation " - das heißt an alle Regierenden in Deutschland, -- verwirft er die drei Grundsätze des Papsttums:

1. geistliche Gewalt steht über der weltlichen.
2. Es gebührt niemanden, die Schrift auszulegen, als dem Papst.
3. niemand kann ein Konzil berufen als der Papst.

Im Gegensatz dazu legte er dar, dass alle Christen wahrhaft geistlichen Standes sind und unter ihnen kein Unterschied ist, denn des Amtes halber allein ("Allgemeines Priestertum aller Gläubigen " = **erste Schrift**).
Jeder Christ lebe in der Unmittelbarkeit seines Verhältnisses zu Jesus und habe priesterliche Verantwortung für andere. In der **zweiten Schrift** (lateinisch) redete Luther "von der babylonischen Gefangenschaft der Kirche". Das heißt von der Freiheitsberaubung wahrer Christen durch falsch angewandte Sakramente. Deshalb senkte er deren Zahl von sieben (Taufe, Firmung, Abendmahl, Buße, Ehe, letzte Ölung, Priesterweihe,) auf drei: Taufe, Abendmahl und Buße und ging auf deren Bedeutung ausführlich ein. Die **dritte Schrift** hatte den Titel "Von der Freiheit eines Christenmen-

schen" (Latein und Deutsch) und enthält "die ganze Summe eines Christenlebens". Der Inhalt wird zu Anfang in zwei Thesen ausgedrückt:

1. ein Christenmensch ist ein freier Herr aller Dinge
   und niemandem untertan.
2. ein Christenmensch ist ein dienstbar Knecht aller Dinge
   und jedermann untertan.

Diese Sätze meinen, dass ein Christ einen freien Zugang zu Gott ohne jegliche Vermittlung eines Priesters habe, dass er aber aus Dank für die erfahrene Freiheit in ständiger Dienstbereitschaft lebe. So wie er allein durch den Glauben an Gott gerechtfertigt sei, so selbstverständlich sei daraus die Konsequenz guter Werke.
Zu diesen drei Schriften kam eine Menge anderer verschiedenen Inhalt dazu, deren eine Gruppe von Glauben und Sitte handelten; ein zweiter Teil der Schriften war gegen das Papsttum und dessen Lehre gerichtet; andere Schriften waren gegen und an Privatpersonen gerichtet wegen notwendiger Auseinandersetzungen.

Der weitere Verlauf des Lebens Luthers.

Nach seiner Rückkehr von der Wartburg nach Wittenberg stand der Reformator in ständiger Auseinandersetzung mit Gegnern, Missständen und im Ausbau des neu Erkannten. Trotzdem sah er sich auch geführt, bis ins Alltagsleben hinein beispielhaft zu wirken. Durch die Heirat mit der ehemaligen Nonne Katharina von Bora gründete er im Kloster von Wittenberg das erste evangelische Pfarrerhaus, in dem sich vorbildliches Familienleben entfaltete und Nächstenliebe an Bedürftigen zeigte. In der Erziehung seiner Kinder sagte man Luther väterliche Güte und nötige Strenge nach. Seine natürliche Heiterkeit schuf eine befreiende Atmosphäre.

Nicht zu vergessen sind die engsten Mitarbeiter Luthers, der schon öfter erwähnte Philipp Melanchthon an der Spitze. Dieser schenkte - selber Professor für Griechisch und Hebräisch an der Universität von Wittenberg - den evangelischen Christen die erste Glaubenslehre.
Die wichtigste Bekenntnisschrift, das **Augsburger Glaubensbekenntnis** (Confessio Augustana) und deren Verteidigungsschrift, stammt von ihm. Er war auf seine Art eine wunderbare Ergänzung Luthers.
Weiter sind zu nennen: Georg Spalatin (Schreiber und Mittelsmann), Johannes Bugenhagen (Stadtpfarrer von Wittenberg - er traute Luther), Lazarus Spengler auf die wir nicht näher eingehen wollen.
Trotz alles geschäftigen Lebens und Arbeitens stand Luther nach wie vor unter der Reichsacht, die ihm auch verwehrte, auf den Reichstagen die Sache der Evangelischen selber zu vertreten. So musste er sich mit Boten und Briefen behelfen und konnte nur durch Gespräche mit seinen Freunden und Gebete zu Gott dahinter stehen. Er musste es tatenlos mit ansehen, wie die evangelische Sache vom Kaiser immer weiter abgeschoben wurde. Und naturgemäß hatte er auch viel Kummer mit ungeistlichen Absichten und Handlungen auf evangelische Seite. Durch die erhöhte Inanspruchnahme aller körperlichen und seelischen Kräfte war Luther schon mit 38 Jahren kränklich geworden. Wie wohl daher oft behindert, arbeitete er unentwegt und geistig unermüdlich bis zu seinem Tods im Jahre 1546.

Im lateinischen Nachruf, den Melanchthon schrieb, heißt es: „Luther war ein außerordentliches Werkzeug Gottes. Durch ihn wurde das Evangelium von der Gnade Gottes in Jesus Christus neu entdeckt und so verkündigt vor Fürsten und Königen, vor hoch und nieder, vor den Völkern der Welt, dass es gehört wurde. Seine Macht war von Gott. Sie wurde dem durch den Heiligen Geist im Wort Gottes Erleuchteten gegeben. Weil er nichts aus sich selbst hatte, war er einer der gewaltigsten Beter der Kirche. In ihm geschah ein mächtiger Durchbruch des Geistes. Das Ausmaß seiner Arbeit kann man

nur mit Staunen sehen. Wer kritisieren will, der glaube, bete, bekenne, liebe und arbeite zuerst so, wie es dieser Bote Christi von apostolischer Klarheit und Vollmacht getan hat. "
Die beiden Reformatoren Huldreich Zwingli und Calvin werden wir gegebenenfalls später und oder an anderer Stelle behandeln.

Der Weg der Reformation vom Reichstag zu Worms bis zum Augsburger Religionsfrieden.

Obwohl schon während der Vorbereitungen zum Wormser Reichstag ein päpstlicher Gesandter bestürzt feststellen musste: ganz Deutschland ist in hellem Aufruhr: Für neun Zehntel ist das Feldgeschrei "Luther", für die übrigen, falls Ihnen Luther gleichgültig ist, wenigstens: "Tod der römischen Kurie", war in Worms vom Kaiser eine glatte Absage an die lutherische Bewegung erteilt worden (1521): das **Wormser Edikt**.
Dessen scharfe Ausführungen scheuten jedoch die Fürsten aus Furcht vor den Aufständen der zahlreichen Evangelischen. Erst im Jahre 1524/25 kam es zu einem Waffenbündnis romtreuer Fürsten gegen die Reformation; darauf antworteten die evangelischen Landesherren mit einem Verteidigungsabkommen (1526). Als dann in Speyer vom Reichstag verkündet wurde, dass "jeder Stand in Sachen des Wormser Edikts so leben, regieren und es halten soll, "wie er es gegen Gott und kaiserliche Majestät zu verantworten sich traue", da atmeten die reformatorisch gesinnten Landesherren auf und gingen an die Organisation evangelischer Landeskirchen. -
In der Folgezeit setzte eine Einschüchterungskampagne von Seiten der römischen Landesherren ein, indem sie mehrere evangelische Prediger als Ketzer verbrannten -.
In einem zweiten Reichstag zu Speyer 1529 hob der Kaiser die Religionsfreiheit von 1526 wieder auf, um das Wormser Edikt wieder voll zur Geltung zu

bringen, bis ein Konzil das letzte Wort sprechen würde. Da protestierten sechs Fürsten und 14 Reichsstädte u. a. mit dem Hinweis, dass man sich in religiösen Fragen keinem Mehrheitsbeschluss beugen könne, da jeder für sich selbst Gott Rechenschaft ablegen müsse. Von diesem Tag an **wurden die evangelischen** – weil sie sich nur an die Richtschnur des Evangeliums halten wollten - auch **Protestanten genannt**, weil sie für das Evangelium protestierten (= Zeugnis ablegten.) -

Nachdem der Kaiser dem Papst eidlich die Bekämpfung der Ketzer versprochen hatte, rief er 1530 in Augsburg den Reichstag zusammen. Als sich die Evangelischen für Verbote ihrer Religionsausübung als unzugänglich erwiesen, sollten die gegnerischen Standpunkte schriftlich niedergelegt und verlesen werden. Dazu **erarbeitete Melanchthon die Confessio Augusta** (das Augsburger Bekenntnis), die bei aller biblischer Eindeutigkeit kaum Herausforderung für die katholische Seite brachte. Nach der Verlesung in Deutsch waren nicht nur das Volk, sondern auch nicht wenige der reformfreudigen Kreise sehr positiv berührt und beeindruckt. Es fielen Sätze wie:

"So höre ich wohl, dass die Evangelischen auf der Schrift sitzen, wir Päpstlichen daneben." (Herzog von Bayern).

Doch der Kaiser lehnte dies Bekenntnis kategorisch ab zugunsten einer katholischen Widerlegung, die er als endgültig erklärte. Da sich die Evangelischen nicht verteidigen konnten, reisten sie unter Protest ab und bildeten ab 1531 das **Verteidigungsbündnis des Schmalkaldischen Bundes**, das den Kaiser wieder zur Mäßigung zwang: Duldung bis zum nächsten Konzil. Etwa 10 Jahren konnte so die protestantische Lehre in neue Gebiete eindringen und in Norddeutschland das Übergewicht gewinnen.

Augsburger Religionsfriede 1555

Da schlug der Kaiser nach langer Vorbereitung für den Ketzerkrieg los und konnte die Protestanten mit militärischer Macht in eine vorläufige Unterwerfung zwingen (1547). Aber der Umschwung ließ nicht lange auf sich warten, sodass der verhandlungsbereite Kaiser schließlich im Augsburger Religionsfrieden im Jahre 1555 zugestehen musste: **endgültige Religionsfreiheit für die Lutheraner mit der näheren Bestimmung: der Landesherr bestimmt die Religion seines Landes (cuius regio - eius religio).** -

Urchristliche Gemeindebestrebungen in der Reformationszeit.

Mit Luther schenkte Gott erneut einen Durchbruch des Evangeliums aus verborgenen Tiefen an die offizielle Oberfläche der Kirchengeschichte. Aber die reformatorische Bewegung war so gewaltig und umfassend, dass **längst nicht alle biblischen Linien zum Tragen kommen konnten**. Luther war angesichts der sich überstürzenden Ereignisse oft nur in der Lage, die großen Umwälzungen im Auge zu behalten und zu verarbeiten, wenn er sich auch in erstaunlicher Weise einer Fülle von Einzelfragen des öffentlichen und kirchlichen Lebens wie des biblischen Gemeindelebens stellte. So müssen wir zum Beispiel mit Professor Adolf Schlatter feststellen, dass „die Reformation bei Römer 5 am Ende stehen geblieben sei", d. h. **nur die Rechtfertigung, aber nicht die Heiligung** (Römer 6 und folgende) zum Gegenstand gehabt habe. Und wir können mit Herrn Venske (Herbert Venske: Die unvollendete Reformation) nur bestätigen, dass die **Reformation "unvollendet" geblieben** ist. Vor allem kam es in der evangelischen Kirche der Reformation nicht zu urchristlichen, biblischen Gemeindeverhältnissen. Dennoch waren solche Entwicklungen vorhanden.
Luther hatte nie vor, eine neue Kirche zu gründen, aber es kam ohne sein Wollen dazu, nachdem er die erkannte, biblische Wahrheit nicht widerrufen konnte und wollte. Als er mit dem Fluch des Kirchenbanns belegt wurde, bedeutet das den Bruch und die Trennung mit der römischen Kirche. Die Reformation wurde unter der Wirkung des Heiligen Geistes zu einer großen Erweckungsbewegung in Deutschland und darüber hinaus.

Durch die Bibelübersetzung ins Deutsche, durch die kernigen Glaubenslieder, durch den Katechismus und die mancherlei Schriften aus Luthers Feder wurde das ganze Geschehen untermauert und gefestigt. In ähnlicher Weise, wenn auch in anderen Formen, haben Zwingli und Calvin, in der Schweiz und in Frankreich, den Durchbruch zum biblisch begründeten Glauben gelehrt und ihm mit viel Kampf zur Durchführung verholfen.

Luther hatte den Plan, diejenigen, die "mit Ernst Christen sein" wollten, als Gemeinde Jesu zu sammeln und sich mit Namen (als Mitglieder) einschreiben zu lassen, aber er meinte, es fehlten ihm noch die rechten Leute dazu. Wohl oder übel musste er später in die Entwicklung zur Volkskirche einwilligen. Dadurch ist dann, wie bereits vorhin erwähnt, im Verlauf der Zeit die hoffnungsvolle geistliche Bewegung verflacht und versandet. Trotzdem gab es gute, hoffnungsfrohe Ansätze lebendigen Gemeindelebens durch einen Mann, der Jahrhunderte lang als Ketzer in der Versenkung gehalten wurde.

Es wird höchste Zeit, dass die Kirche diesem Mann in der Zukunft wieder mehr Aufmerksamkeit schenkt, denn er ist der eigentliche Vollender der Reformation: Kaspar von Schwenkfeld (1489 bis 1561).

Kaspar von Schwenkfeld.

Kaspar von Schwenkfeld ist in Liegnitz geboren. Er studierte in Köln und trat dann in die Dienste des Herzogs von Liegnitz. Die Schriften des jungen Luthers (und Taulers) führten ihn zum lebendigen Glauben, wodurch er zu einem gründlichen Bibelstudium kam. Er wurde durch weiteren Briefwechsel mit Luther ermutigt, der Reformation in Schlesien, vor allem im Herzogtum Liegnitz, den Weg zu bahnen, und verkündigte das Evangelium sowohl Adligen wie Landarbeitern; auch Pfarrer konnte er für die neu entdeckte Botschaft der Bibel gewinnen. Je mehr aber Schwenkfeld die Bibel durchforsch-

te, fiel ihm das Abweichen lutherischer Lehre und Gemeindelebens auf. Er suchte deshalb Luther im Jahr 1525 auf und fand in vielem dessen Verständnis.
Die Frucht der Unterredung kam in der Vorrede Luthers zum Ausdruck "Deutsche Messe" 1526. Da forderte Luther:

1. einen lateinischen Gottesdienst für die studierende Jugend.
2. einen Missionsgottesdienst für die große Masse.
3. Eine geordnete Versammlung für die, die mit Ernst Christen sein wollten;

Diese Versammlung müsse nicht öffentlich auf dem Platz geschehen unter allerlei Volk, sondern diejenigen, die mit Ernst Christen sein wollen und das Evangelium mit Hand und Mund bekennen, müssten mit Namen sich einzeichnen und etwa in einem Hause sich allein versammeln, zu lesen, zu taufen, das Sakrament zu empfangen und andere christliche Werke zu üben. In dieser Ordnung könnte man die, so sich nicht christlich hielten, kennen, strafen, bessern, ausstoßen oder in den Bann tun nach der Regel Christie (Matthäus 18,15 folgende). Hier könnte man auf eine kurze und feine Weise mit der Taufe und Sakrament halten und alles aufs Wort und Gebet und die Liebe richten... Kurz, wenn man die Leute und Personen hätte, die mit Ernst Christen zu sein begehrten, die Ordnungen und Weisen wären bald gemacht. Aber ich kann und mag noch nicht eine solche Versammlung oder Gemeinde ordnen oder ausrichten. Denn ich habe noch nicht Leute und Personen dazu, so sehe ich auch nicht viel, die dazu dringen. Kommt es aber, dass ichs tun muss und dazu gedrungen werde, dass ichs aus gutem Gewissen nicht lassen kann, so will ich das meine gern dazu tun und auf das Beste, so ich vermag, helfen. Indes will ichs bei den gesagten zwei Weisen lassen bleiben ...., bis dass die Christen, so mit Ernst das Wort meinen, sich selbst finden und anhalten - - - ".

Während Luther hier die Vorstellungen Schwenkfelds über eine lebendige Gemeindebildung weitergab und gleichzeitig doch auf Eis legte, bestanden in Schlesien schon solche oben beschriebenen Kreise. Das Abrücken Luthers vom neutestamentlichen Gemeindebild hatte, so merkte Schwenkfeld, auch ein Abrücken der lutherischen Kirche von der Schrift zur Folge. So schrieb er an einen lutherischen Pfarrer: "Die Euren haben wenig darauf geachtet, wie sie in verliehener Gnade dem Herrn Christo aus allerlei Menschen eine Kirche versammeln möchten, die nach seinem Geist geartet...... wäre. *Ihr* mögt euch wohl selbst als eine Kirche mit der Obrigkeit Gewalt und Befehl ...... versammeln. Wie es aber vor Gott um die christliche Kirche stünde und was die prophetischen und apostolischen Schriften davon sagen, solltet ihr billig mehr bedenken."
Und er verfasste eine Schrift ("Ermahnung des Missbrauchs etlicher vornehmster Artikel des Evangeliums"), in der er **drei Gefahren der Praxis der lutherischen Kirche vom Wort her** herausstellte:

1. die Verkündigung einer "billigen Gnade" in den Predigten: die Rechtfertigung des Sünders durch den Glauben ohne Bekehrung und neues Leben von Jesus.

2. die Praxis des Abendmahls als Sündenvergebungsmahl mit gemeinsam gesprochener, oberflächlicher Bußerklärung und Massenbeichte.

3. die stillschweigend geduldete oder bewusst gelehrte Auffassung von der Taufe: sie sei gleichbedeutend mit der Wiedergeburt. -.

Diese Einstellung und Äußerungen Schwenkfelds trennten ihn nicht nur immer mehr von den lutherischen Pfarrern, sondern brachten ihm auch Verdächtigungen bei Luther ein, der kurzerhand mit ihm brach. Er wurde wie ein „Ketzer“ und „Schwärmer“, wie ein „Irrlehrer“ und „Mystiker“ angesehen. Lu-

ther belegte ihn mit Namen wie „Stenkfeld“, und „Stinkfeld“ und bezeichnete ihn schließlich als einen „unsinnigen Narren“, vom „Teufel besessen“.
Und Reaktion Schwenkfelds, noch nach 15 Jahren: " Dr. Martin Luther bin ich all Ehr, Lieb, Guts schuldig; er halte gleich von mir, was er wolle. " -

Schwenkfeldsche Gemeinschaften

Ähnlich heutigen Versammlungen kamen unter dem Dienst Schwenkfelds viele bewusste Christen und suchende Menschen aus allen Kreisen zu Wortbetrachtung und Herrenmahl zusammen. Besondere Zusammenkünfte im Sinne heutiger Konferenzen, Laienbrüder mit Diensten in Stadt und Land, Bibelwochen und Evangelisationen waren Bestandteile dieses Gemeinschaftslebens. Schwenkfeld selbst war unermüdlich im Einsatz. Als er 1529 aus Rücksicht auf seinen Herzog, der es nicht mit Luther verderben wollte, Schlesien verließ, diente er dem Volk Gottes in **Süddeutschland** in einem dreißigjährigen Wanderleben. Bis heute hat sein geistlicher Dienst Auswirkungen auf die **Gläubigkeit der Schwaben**. Bis heute liegt der Glaubensschwerpunkt für Deutschland in Süddeutschland. Bis zu seinem Tod 1561 in Ulm versorgt er weite Kreise Württembergs mit dem Wort der Schrift in Verkündigung und Seelsorge.

Die von ihm geführten Gemeinschaften blieben weithin innerhalb der Kirche, obwohl sie durch diese Kirche verfolgt wurden. Schwenkfeld sagte: "Von einem lebendig gläubigen Prediger darf man sich nicht absondern." Die Verfolgungen, die oft mit Gewalt, einmal von den Lutheranern, ein andermal von den Katholiken, über sie hereinbrachen, führten sie auf schwere Leidenswege. Selbst Zinsendorf konnte später durch ein Bittgesuch an den Kaiser keine Erleichterung für sie erreichen. Als die Verfolgungen so weit gingen, dass man führende Männer ins Gefängnis warf und den Eltern die Kinder mit Gewalt wegnahm, und als Zinsendorf verboten wurde, sie als Flüchtlinge aufzunehmen, wanderten sie nach Pennsylvania in Nordamerika aus, wo heute noch Schwenkfeldsche Gemeinschaften bestehen.

Andere Gemeindebildungen in der Reformationszeit.

Es gab noch andere Gruppen und Kreise, die vor, um und nach der Zeit Luthers still und zurückgezogen oder von Gegnern ans Licht der Öffentlichkeit gezerrt, ein biblisches Gemeindebild verfolgten. Alle diese Gemeinschaften und Bewegungen trugen gemeinsame Züge. Sie mühten sich um ein Leben unter dem Einfluss Jesu und organisierten ihre Gemeinden nach dem Vorbild der Urgemeinde; hie und da waren sie nicht frei von Überspitzungen biblischer Lehre oder menschlicher Lebenspraxis, aber wohl immer besser als es die Beurteilung ihrer Gegner auswies.
Zu nennen sind die Täuferbewegungen (**Wiedertäufer** in Augsburg und Köln mit ca. 1800 Mitgliedern), die **Mennoniten**-Gemeinden, die aus der Täuferbewegung erwachsen sind, zunächst in Holland, heute in allen Teilen der Welt; die **böhmisch-mährischen Brüder** (im Gefolge von Hus; 1457 Aufbau einer Lebensgemeinschaft aus dem Geist Christi mit Menschen aus allen Kreisen; 1467 Bruch mit der katholischen Kirche; in Kontakt mit Luther, der sich sehr anerkennend über die Gemeindeordnung der Brüder äußerte.

Notizen zur Kirchengeschichte bis zum dreißigjährigen Krieg.

Hatte man in der ersten Zeit der Reformation schon neun Zehntel Deutschlands unter dem Einfluss Luthers gesehen, so stellte sich etwa um 1570 heraus, dass 3/4 der deutschen Bevölkerung evangelisch waren und sich der protestantische Einfluss ständig mehrte. War Zwinglis Wirksamkeit mehr auf die Schweiz und süddeutsche Städte beschränkt, so reichte Calvins Reformationswerk von Genf aus vor allem nach Frankreich hinein, darüber hinaus

nach Holland, England, Schottland, Ungarn, Siebenbürgen, Polen, Böhmen, Mähren und Deutschland (Pfalz, Hessen (Frankfurt am Main), Emden); sogar der lutherische Kurfürst von Brandenburg wurde 1613 reformiert. Es entstand die Spaltung der Evangelischen auf deutschem Boden.
Im **Norden Europas** (Schweden, Norwegen, Dänemark) entstanden lutherische Kirchen. Der **Osten Europas** wurde mit Macht ergriffen. Und auch in Italien und Spanien regten sich reformatorische Kräfte, die sich bis in die Reihen der Kardinäle auswirkten. Angesichts dieser für die katholische Kirche bedrohlichen Lage kam es bei Ihnen zu einem starken Erneuerungstreben. Aus diesem Grund wurde auf dem Konzil von Trient (1545-1563) die Lehre gegen den Protestantismus scharf abgegrenzt: nur die Zustimmung des Papstes sollte Beschlüsse rechtskräftig machen; eine Auswahl kirchlicher Traditionsschriften wurde als gleichberechtigt neben die Bibel gestellt; und nur die lateinische Übersetzung der Bibel (nicht der hebräische bzw. griechische Grundtext!) wurde als Grundlage für die biblische Lehre anerkannt; und Auslegung der Bibel war ausschließlich der Kirche vorbehalten; die sieben Sakramente wirkten auch ohne Glauben an die Verheißung des Gottes Wortes; ein Index (Verzeichnis) verbot die Lektüre bestimmter Bücher, vorweg die Luther Bibel; eine Reihe von Reformen kirchlicher Missstände erfolgt. -

Das Konzil von Trient trennte Rom in scharfer Form vom Protestantismus und sprach 431 Verfluchungen aus - "anathema sit" das heißt: "der sei verflucht!" (Interessant die heute freundlichere Übersetzung der römischen Kirche: „….. der sei ausgeschlossen.")

Interessant auch: am Eröffnungstag des römischen Konzils am 13.10.1962 unterschrieben die Konzilsväter eine Zusammenstellung von Glaubenssätzen aus dem Konzil von Trient 1563, die sich auf folgende Lehre beziehen:

Messopfer für Lebendige und Tote;
Fegefeuer;
Heiligen-, Reliquien-, sowie Bilderverehrung;
Macht der Kirche, Sünden zu erlassen;
= Primat von römischer Kirche und Papst **vor allen anderen Kirchen;**

Der letzte Satz dieses „Glaubensbekenntnisses":

„dgl. verdamme, verwerfe und erkläre ich alles für verflucht, was dazu im Widerspruch steht, alle falsche Lehre, die die Kirche verdammt, verworfen und für verflucht erklärt hat. Diesen wahren katholischen Glauben, ohne den niemand gerettet werden kann, bekenne ich hiermit öffentlich. An ihm halte ich fest, ich will ihn bewahren und bis zu meinem letzten Atemzug rein und unvermischt bekennen."). -

Das militante Ergebnis dieses Konzils war wie geschaffen für den neu entstandenen Kampforden der katholischen Kirche, die **Jesuiten unter Ignatius von Loyola.** -

Die Gegenreformation setzte mit großer Heftigkeit und allen ihr zur Verfügung stehenden äußeren und geistigen Mitteln ein. Der Volksbewegung der Reformation wurde die Fürstenmacht der Gegenreformation entgegengesetzt, mit dem Einsatz der seit Jahrhunderten grausam wütenden **Inquisition** (Seit 1210 - Ketzer aufspüren und - Gericht.; in Spanien bis 1834: Hunderttausende von Hinrichtungen; in Italien erst 1859 endgültig beseitigt; etwa **eine Million Hexenprozesse** im Laufe der Jahrhunderte).

Der spanische Herzog Alba hat in Holland unter dem Motto "römisch oder tot" in sechs Jahren 18.000 Ketzer hinrichten lassen. In Frankreich fanden die Verfolgungen der Hugenotten ihren Höhepunkt im furchtbaren Blutbad der Bartholomäusnacht; die Angaben der Opfer schwanken zwischen 20 und 70.000, worauf der Papst ein großes Fest feierte und Glückwünsche an den französischen Kaiser sandte. In weiten Teilen Deutschlands wurden Menschen unter Zuwendung schärfster Gewalt "rekatholisiert". Als sich nun evangelische Fürsten und Städte 1608 in der **Union** (Verteidigungsbündnis) zusammenschlossen, reagierten die Katholischen mit dem Gegenbündnis der Liga.

Im Jahre 1618 entluden sich dann die Feindseligkeiten im Ausbruch des **dreißigjährigen Krieges**, in den der schwedische König Gustav Adolf entscheidend eingreift -

Die kirchliche Epoche nach der Reformation nennt man in der protestantischen Kirche die Zeit der **Orthodoxie** (= Rechtgläubigkeit).

Die Zeit der Orthodoxie.

Sie umspannt etwa 100 Jahre und ist gekennzeichnet durch die Betonung der reinen Lehre. Auf Grund der Vereinbarung des Augsburger Religionsfriedens bestimmten in den Ländern des Deutschen Reiches die Landesherren das Glaubensbekenntnis. War also da der Landesfürst katholisch, dann mussten auch seine Untertanen katholisch werden; entsprechend mussten die Untertanen eines protestantischen Landesherren dessen Glaubensbekenntnis zu dem ihrigen machen.

Cuius regio - eius religio, d. h. ***Wessen Regierung dessen Religion***.

So kam es, dass hinter dem Glauben des einzelnen Kirchengliedes weitestgehend keine Herzensüberzeugung mehr stand. Man kann ja seine Glaubensüberzeugung nicht so schnell wechseln wie seine Kleidung.

In der Zeit der so genannten "toten" Orthodoxie gab es auch Vertreter lebendigen Glaubens. So lebte zum Beispiel in dieser Zeit **Johann Arndt**, der die

sechs Bücher vom wahren Christentum geschrieben hat. Diese haben vielen Suchenden und Gläubigen der damaligen Zeit einen entscheidenden Dienst getan. Im dreißigjährigen Krieg hat sich das Glaubensleben vieler Orthodoxer als lebenskräftig und gesund bewährt (denken wir an **Paul Gerhardt** u. a.). Mit der Zeit hat sich neben der Betonung der reinen Lehre ein **Hunger nach dem rechten Leben** bemerkbar gemacht. Neben Luthers Rechtfertigungslehre trat die **Botschaft von der Heiligung**. Neben den theologischen Disput suchte man die erbauliche Betrachtung der Heiligen Schrift. Damit wurde dem Pietismus die Bahn bereitet.

Pietismus.

Mitten in diesem Zeitalter der Orthodoxie nahm die Bewegung derer immer mehr zu, denen es an Stelle des bloßen „***Kopfglaubens***“ um einen "***warmen Herzensglauben***" mit ernstem, sittlichen ***Lebenswandel*** ging.
Nicht mehr das Gegenüber der Konfessionen war das Bewegende, sondern die **Kluft zwischen Leben und Lehre**. Zur Reformation der Lehre (Reformation) sollte eine Reformation des Lebens (Pietismus) kommen, die durch Einwirkung der Kraft und Zucht des Heiligen Geistes auf Grund des wiederentdeckten Evangeliums erwartet wurde. Schon der vorhin erwähnte Johann Arndt, orthodoxer, lutherischer Pfarrer und Generalsuperintendent, 1555 bis 1621, hatte in seinen Bußpredigten von der Herzensumkehr und dem Leben im Geist gesprochen und schrieb, wie bereits gesagt, die sechs Bücher vom wahren Christentum, die in den folgenden Jahrzehnten - hier und da bis heute - zum Andachtsbuch erweckter Kreise wurden.

Jean de Labadie

Nachdem nun Professor **Giesbert Voetius** 1588 bis 1667 aus Utrecht in Holland bewusst innerkirchliche Erbauungskreise gegründet hatte, die auf eine lebendige, persönliche, vertiefte Frömmigkeit drangen, war es besonders **Jean de Labadie** 1610 bis 1674, der solche erweckten Zellen in Holland, Frankreich und der Schweiz ins Leben rief, förderte und pflegte. (In Genf nahm unter anderem auch der spätere "Begründer" der kirchengeschichtlichen Epoche des Pietismus, **Philipp Jakob Spener**, an den häuslichen Erbauungsversammlungen de Labadies teil).

Als er unter dem Druck der Kirchlichkeit die reformierte Kirche verlassen musste, entstanden blühende außerkirchliche (separatistische) Gemeinden in Holland und Deutschland, z. B. Mühlheim und Düsseldorf. Von dort aus griff diese Erweckung vor allem auf die reformierten Gemeinden Nordwestdeutschlands über, ja auch der lutherische Pietismus hat starke Einwirkungen von dort empfangen.
Im Ganzen kann man bei der aufbrechenden Bewegung von vier großen Erscheinungsformen sprechen:

Niederrheinische,
Hallenser,
Herrnhuter und
Württembergische Prägung.

Der **niederrheinische** Zweig geht auf den Franzosen **de Labadie** zurück. Er wurde von einer französischen Erweckungsbewegung erfasst, der auch der Gelehrte **Blaise Pascal** angehörte. Der bekannteste Vertreter des deutschen, reformierten Pietismus, der am Niederrhein Fuß fasste, war **Gerhard Tersteegen** (1697 bis 1769). Von ihm gingen starke geistliche Wirkungen aus durch sein geheiligtes Leben, seine Seelsorge, seine Schriften und Lieder. Der **Herrnhuter Pietismus** ist bekannt und geprägt durch **Nikolaus Ludwig Graf von Zinzendorf** (1700 bis 1760). Er war Patenkind von Spener und Schüler von **August Hermann Francke**. Er gründete in **Herrnhut**

die Brüdergemeine (mit ausgewanderten Brüdern aus Mähren) und förderte die weltweite Mission. Durch die Erziehungsarbeit hat er weit reichenden Einfluss auf unser Volksleben ausgeübt. Durch die noch bis heute bekannten Herrnhuter Losungen ging viel Segen aus in die Welt. –

Philipp Jakob Spener

Der eigentliche Durchbruch der pietistischen Bewegung geschah um 1690 durch Philipp Jakob Spener. Weithin wurde das evangelische Deutschland bis um 1730 davon ergriffen. Und der Spottname "Pietismus". (= Frömmler) fand sehr schnell allgemeine Verbreitung, als Professor Feller von Leipzig den Vers gedichtet hatte:

"Es ist jetzt stadtbekannt, der Nam´ der Pietisten,
was ist ein Pietist? Der Gottes Wort studiert
und nach demselben auch ein heilig Leben führt.
Ich will es selbst hiermit gestehen ohne Scheu,
dass ich ein Pietist ohn´ Schmeich und Heucheln sei".

Speners Werdegang

Kurz nach seiner Geburt im Elsass haben seine gottesfürchtigen Eltern ihn schon früh für den „Dienst des Herrn“ geweiht. Die letzten Jahre des dreißigjährigen Krieges haben ihn als Kind sehr bewegt. Der Tod einer entschiedenen gläubigen Patin erweckte ihn. Früh schon begann er, gründliche Studien zu betreiben: mit 16 Student (durch Lektüre der Bibel, Luthers Schriften und Arndts wahrem Christentum legte er Grund für sein späteres Lebenswerk); mit 19 Jahren Theologiestudium in Straßburg und (dort: kleine Erbauungsversammlungen mit Freunden am Sonntagnachmittag); im Jahre 1659: Be-

endigung des Studiums. Auf anschließenden Reisen gewann er einen weiten Einblick in Kreise der Gläubigen verschiedenster Prägung, so auch derjenigen um **de Labadie**. Dadurch wurde er ein Mann wahrhaft brüderlicher Liebe und biblischer Weitherzigkeit. Und als Prediger in Straßburg legte er den Doktor der Theologie ab und; dort heiratete er auch und hatte eine überaus glückliche Ehe, aus der 11 Kinder hervorgingen.
Im Jahre 1666 wurde Spener als Pfarrer an die Frankfurter Hauptkirche berufen und zum Senior der dortigen Geistlichkeit ernannt. Seine Antrittspredigt über Römer 1,17 über die allein seligmachende Kraft des Evangeliums zeigte klar die Grundlagen seiner zukünftigen Arbeit:

1. sein Haupt**anliegen** sei, nur Christus zu predigen
2. sein Haupt**ziel** sei, dass viele Menschen in Frankfurt bekehrt würden
3. seine Haupt**not** sei, dass er sich ganz unwürdig vorkomme
   und darum Gottes Kraft nötig habe
4. seine Haupt**freude** sei, dass er seines Glaubens gewiss sein dürfe.

So tat Spener von Anfang an einen erwecklichen Dienst und suchte das im argen liegende Kirchenleben zu erneuern unter dem Gesichtspunkt: erweckliche Predigt, Belebung des Jugendunterrichts und häusliche Erbauungsversammlungen. Letztere hielt er 12 Jahre hindurch wöchentlich zweimal in seinem Haus ab, zur "Ausrottung zweier verderblicher Vorurteile:

> als genüge der rechtfertigende Glaube allein und
> seien die guten Werke der Heiligung gar nicht nötigt,
> ja gar nicht möglich."

Diese Hauptversammlungen nannte er Collegia pietatis (Vereinigung der Frömmigkeit oder Ekklesiola in Ekklesia (Kirchlein in der Kirche); die Gegner sprachen von „Konvertikeln“ ("Zusammenkünfteleien "). Alle diese Bemühungen trugen trotz aller Gegnerschaft orthodoxer und gut-bürgerlicher Kreise zu allmählichem Anwachsen erweckter Kreise bei.

Pia desideria

Im Jahr 1675 gab Spener Arndts "Wahres Christentum" neu heraus und schrieb dazu ein Vorwort mit dem Titel "Pia desideria" (= Wahres Christentum, oder " Herzliches Verlangen nach gottgefälliger Besserung der wahren evangelischen Kirchen ").

200 positive Zuschriften gingen ein, eine ganze Literatur entstand darüber; natürlich zeigte sich auch schärfste Ablehnung: "Ausführliche Beschreibung des Unfugs der Pietisten“ u. a.
Die mit heißem Herzen beschriebenen Ausführungen Speners waren in kurzen kernigen Worten und mit gut kirchlicher Argumentation gehalten. Im Gefolge davon entstand in weiten Kreisen der Kirche ein neues Erwachen, immer neue Hausversammlungen wurden gegründet, die theologische Fakultät in Tübingen stellte sich auf die Anliegen dieser Schriften ein. Die Pia desideria konzentrierte sich auf folgende **drei entscheidende Punkte**:

1. eine große Klage über die Schäden und Gebrechen der evangelischen Kirche: die in der Mitte ihrer Durchführung stehen gebliebene Reformation Luthers habe zwar die Lehre reformiert, aber nicht das Leben. Die Lehren seien rein, aber das darauf fußende Leben, besonders beim geistlichen Stande, kenne weithin weder Ernst noch Selbstverleugnung. Die Predigten seien meist Streitpredigten lehrmäßiger und philosophischer Art, man solle sich auf die biblische Theologie beschränken und an den Universitäten entsprechend ausbilden. Die Kirchenglieder seien oft der Trunksucht, Prozesssucht und Habsucht ergeben.

2. Die große Frage, ob eine Besserung der kirchlichen Situation möglich sei, beantwortet Spener mit dem Hinweis auf die Gemeindezucht der Urgemeinde, zu der man auch in diesem Punkt zurückkehren müsste.

3. Folgende Vorschläge und Gesichtspunkte sollen bei einer Neubesinnung maßgebend sein:

A. Das Wort Gottes muss reichlicher unter die Leute gebracht werden, indem Collegia pietatis zwischen Pfarrern und Gemeinden gegründet werden, brüderliche Versammlungen der Erweckten zur Bibelbesprechung.

B. Das Priestertum aller Gläubigen soll eingeübt werden, da doch alle wahren Christen Geistliche seien. Das Ein-Mann-System soll überwunden werden, indem Laien Predigtamt und Seelsorge tatkräftig unterstützen. Durch besondere Versammlungen einiger zum Kern der Gemeinde gehörende Glieder soll eine allmähliche Besserung der kirchlichen Situation angestrebt werden.

C. Nicht das Wissen, sondern die Tat soll als Erweis wahren Lebens aus Gott im Mittelpunkt stehen: Glaube, der in der Liebe tätig ist. Besonders dem Gegner soll nicht fleischliche Feindschaft sondern die rettende Liebe Jesu, die zum lebendigen Glaubens führt, entgegengebracht werden. Es genügt nicht, den Gegner verstandesmäßig zu überwinden, er müsse sich bekehren können.

D. Eine neue Konzeption des Universitätsstudiums für Theologen müsse erfolgen. Die Professoren sollten als väterliche Seelsorger Einfluss auf das sittliche Leben der Studenten nehmen; seelsorgerliche Praxis, vor allem an Krankenbetten und praktische Bibelkreisarbeit sollten zur besseren Vorbereitung für den Pfarrdienst eingeübt werden.

E. Die neue Predigtweise soll erwecklich sein, nicht gelehrt, gekünstelt und kunstvoll, sondern schlichtes Zeugnis für Jesus Christus; die Menschen sollen im Gewissen getroffen zur Bekehrung geführt werden.

Im Anschluss an die in der Pia desideria niedergelegten Gedanken gab es eine intensive Auseinandersetzung mit einer Fülle geistlicher Fragen; die wichtigsten etwa:

die Gewissheit des Empfangens des Heiligen Geistes;
die Bedeutung und Aufgabe der Volkskirche und die Klarheit, nicht aus ihr austreten zu sollen;
von der Wirkung der Gnade bei Wiedergeburt und Buße.

Speners weiterer Lebensweg.

Nach 20 Jahren unermüdlicher Tätigkeit in Frankfurt wurde er für sechs Jahre Hofprediger, fürstlicher Beichtvater, Kirchenrat in Dresden, wo der Kurfürst von Sachsen als Vorsitzender der evangelischen Stände von Deutschland regierte. 1691 berief ihn der Kurfürst von Brandenburg nach Berlin. Auf Speners Bemühen hin wurde die Universität Halle gegründet, die mit Professoren wie August Hermann Francke (Schüler von Spener) die Führerin des deutschen Pietismus werden sollte. Außer der ständigen Beanspruchung in Kirchenkämpfen mit den theologischen Vertretern der starren Orthodoxie war Spener ständig im Einsatz als Verkünder, Seelsorger und Beter.
1000 Briefe im Jahr zu bekommen waren keine Seltenheit; und die Amtsgänge waren seine einzigen Spaziergänge. Nach Vollendung seines 70. Lebensjahres verstarb er "in der Hoffnung auf die Besserung der Kirche Christi auf Erden". Er hinterließ eine Unzahl schriftlicher Ausführungen zu allen Gebieten des kirchlichen und christlichen Lebens. -

Collegia pietatis

Die Hauptversammlungen Speners sollten weiterführenden, über das Erbe der Reformation hinaus führenden Charakter haben: „ein Zwerg (Spener) auf den Schultern eines Riesen (Luther) schaut weiter als der Riese selbst!" Es ging dabei Spener um folgendes:
"Alles kommt darauf an, dass Menschen zum lebendigen Glauben kommen und sich rechte Gemeindekerne bilden. Denn die wahre allgemeine Kirche Gottes besteht in der Zahl derer, die mit göttlichem Licht erleuchtet sind und den wahren, einfältigen und lebendigen Glauben haben. Sie besteht aus den Gliedern des geistlichen Leibes Jesu Christi."

Wie sahen solche Hauptversammlungen aus, solche Collegia pietatis?
" Es wäre mein einfältiger Vorschlag, diejenigen in einer Gemeinde, die sich vor andern etwa sonderlich ihr Christentum angelegen sein lassen, zu fördern. Sollten auch derselben nur 3,4,5,6 sein, Mann oder Weib, so ist's ein vortrefflicher Anfang eines großen Wachstums.....dass sie anfangen, das Neue Testament fleißig zu lesen.
Ein jeder soll an seinen Ort eine ecclesiola in ecclesia sammeln, aber ohne Trennung, und diese so in den Stand bringen, dass man rechte Kernchristen an ihnen habe. Mit ihren Beispielen werden sie ein kräftiger Sauerteig sein, den übrigen Teig auch in eine Gärung zu bringen. " (Spener).

Speners Hauskreise

Was wurde in den Hauskreisen gemacht? "Was die Art unserer Collegia pietatis anlangt, haben wir uns dieses vorgenommenen, dass, wo wir beisammen sind, welches die Woche gewöhnlich zweimal zu geschehen pflegt, ich zuerst ein kurzes Gebet halte, Gott um seine Gnade anzurufen. Sodann lese ich etwas vor, über das wir uns nachher besprechen, was jeder bei solchem gelesenen beobachtet hat, was zur Auferbauung des Lebens oder Kräftigung des einfältigen Glaubens dienlich wäre. Wir haben auch keine Ordnung gemacht oder solches für möglich gehalten, die einer nach dem andern reden oder etwas vortragen sollte, sondern es dabei belassen, wie es sonst beim Gespräch guter Freunde zu geschehen pflegt, dass reden mag, dem es beliebt und wo der eine aufhörte, ein anderer, der etwas dabei zu erinnern hätte, damit fortführe, entweder solche Sache selbst fortzusetzen und zu bekräftigen oder etwas auf die Bahn zu bringen...... Wir lebten auch in der Hoffnung, dass durch solche Mittel wir...... alle so viel besser in heilsamer Erkenntnis Gottes und Eifer der Gottseligkeit unter uns zunehmen könnten.... So war auch die Absicht, dass so unter christlichen Gemütern eine heilige genauere Freundschaft gestiftet würde, dass einer des andern Christentum und wie weit er darin gekommen, erkennen lernte, wodurch das Feuer der Liebe unter uns mehr und mehr entflammte .... sich unter sich selbst bei jeglicher Gelegenheit zu erbauen und mit ihrem Exempel andere neben sich zu einem herzlichen Ernst zu reizen " (Spener).

Andere Väter des Pietismus

Die Väter des Pietismus, von Spener angefangenen, haben alle in einem sporadischen oder auch intensiven Verhältnis zueinander gestanden. Wie Spener über die Bekanntschaft mit Jean de Labadie mit Vertretern des niederrheinischen Pietismus, der außerkirchliche Tendenzen hatte, in Verbindung stand (Tersteegen), so war er andererseits der Lehrer von August Hermann Francke, der den Hallenser Pietismus entscheidend geprägt hatte; ja, Spener hatte als Pate des Grafen von Zinsendorf diesen bei der Taufe segnend die Hände aufgelegt. **Nachdem Zinzendorf sechs Jahre lang in der Schule und Seelsorge August Hermann Franckes gewesen war, entstand dann der Pietismus Herrnhuter Prägung.** Auch der Begründer des württembergischen Pietismus, **Johann Albrecht Bengel**, hielt Verbindung mit den anderen Kreisen, wenn auch mehr in einer kritischen, aber das Anliegen des Pietismus stets vertretenden, Weise. Nicht unerwähnt darf bleiben, dass Zinzendorf zeitweise engen Kontakt zu **John Wesley**, dem Begründer der Methodistischen Freikirche Englands, unterhielt, wie er ja auch Gemeinschaft pflegte mit den Kindern Gottes aus allen Konfessionen und Lagern: Lutheraner, Reformierte, Pietisten, Orthodoxe, Katholiken, Arminianer, Mennoniten und Separierte.

Herrnhuter Pietismus

Speners Lieblingsgedanke eines "Kirchlein in der Kirche" (ecclesiola in ecclesia) hat sich in der Herrnhuter Brüdergemeinde, einer eigenen Kirchenbildung unter dem Grafen Zinzendorf am sichtbarsten verwirklicht. Auf dem Hutberg siedelten sich Lutheraner, Reformierte und böhmisch-märkische Brüder (Nachfahren der Husiten) an und wurden im Jahre 1727 durch das gemeinsamen Erlebnis einer besonderen Geistesmitteilung zu einer innigen Gemeinschaft zusammengeschweißt. Die Brüder aus Mähren trugen ihre bewährte Kirchenzucht bei; (Zinsendorf war selbst Bischof der böhmischen-mährischen Brüder gewesen); die Reformierten brachten ihre Aktivität bei Seelenrettung und Seelenpflege ein; in der Lehre aber setzte sich unter dem Grafen das tiefe Anliegen Luthers durch: das Heil in Jesu Wunden nach der Schrift (Zinzendorf hatte nach Aufgabe seines Staatsdienstes noch Theologie studiert und war zum lutherischen Pfarrer ordiniert worden).
Der Segen in dieser Gemeinde, heilige Liebe und Zucht, fromme Sitten, der vorbildliche Lebenswandel, die von dort ausgehende Erweckungsluft waren so stark, dass sie weite Kreise anzog, die daran teilhaben wollten. Selbst als üble Gerüchte, böse Verdächtigungen, massive Angriffe, ja sogar Verbannung des Grafen Zinzendorf aus seiner Heimat (10 Jahren wegen Sektengründerei und Separatismus) über die Gemeinde hinweggingen, überstand

die Brüdergemeine diese Sichtungszeit im Vertrauen zu ihrem Herrn Jesus Christus. Die gereinigte Brüdergemeine wurde in der bald anbrechenden Zeit des Rationalismus ein Asyl des Glaubens. Die hindurchtragende Diasporaarbeit der Herrnhuter war bis zum Ende des 19. Jahrhunderts - oft unter der offiziellen Oberfläche - zu verfolgen. (Diaspora heißt Vereinzelung der zu einer Glaubensgemeinschaft gehörenden). -

Besonders folgende Gesichtspunkte kamen durch den Herrnhuter Pietismus zum Tragen und Aufleuchten:

1. brüderliche Weitherzigkeit durch alle Konfessionen und Denominationen, so weit die gemeinsame Grundlage vorhanden war: wahre Gotteskindschaft, "Herzensreligion", geistgewirkte Wiedergeburt.

2. da die Gemeinde der Gläubigen in allen Kirchen und Kreisen zu finden ist, ist es ein Zeichen von Liebe und Geduld, bei der verfassten juristischen Kirche zu bleiben. Dieser auf Luther und Spener zurückgehende "Diasporagedanke" (Johannes 11,52) ermöglichte Zinzendorf die Gründung einer Gemeinde innerhalb der Kirche: die Gläubigen in Herrnhut wurden mit einer Verfassung juristisch als "frommer Verein in der Landeskirche“ sanktioniert. Damit war erstmalig ein Rechtsschutz für erweckte private Versammlung auf deutschem Boden erwirkt. Das war bahnbrechend auch für die Entstehung der Methodisten wie auch der Gemeinschaftsbewegungen.

3. wahrhaft urchristliches Gemeindeleben kennzeichnet die Brüdergemeine, indem es pneumatisch aufgelockerte Gemeindeversammlungen gab, die in heiliger Zucht verliefen; Älteste, Helfer und Krankenpfleger wurden einzelnen Gemeindegruppen zugeordnet, um ihnen seelsorgerlich und praktisch zu dienen (Banden und Chöre).

4. Es wurde Zinzendorf - im Gegensatz zu den Hallensern - klar, dass man auf alles gesetzliche Drängen zu Bekehrung und Buße verzichten musste, um den Gnadenkräften des Evangeliums vollen Raum zu lassen. Daraus entstand in den Gemeinden eine frohe und freie Atmosphäre. Man vermied es peinlich, geistliche Frucht selbst machen zu wollen

5. Die Heilsgewissheit kann allein auf Jesus Christus ruhen, der immer neu im Glauben erfasst wird. Das bedingt einen ständigen Gebetsumgang mit dem Herrn. Dadurch ist auch allein Bewahrung vor dem eigenen Wesen und erneuernde Buße jederzeit möglich.

6. Zur Gefahr werden der christlichen Gemeinde - so die Erfahrung der Herrnhuter - immer wieder:

A) Menschenvergötterung; die Autorität des Grafen wurde zu Zeiten zu groß; fast abgöttische Verehrung wurde ihm und seiner Rede zuteil; ein Nimbus von Unfehlbarkeit legte sich um ihn. John Wesley in einem Brief an die Ältesten von Herrnhut: "Ist nicht der Graf bei euch ein und alles? "

B) Vertraulichkeit und Tändelei in göttlichen Dingen. Oft war nicht der heilige Abstand vor dem heiligen Gott gewahrt worden, was zu fleischlicher Sicherheit führte; in Liedern redete man Jesus mit "Gottes Lämmlein" an und sprach von Jesu Seitenwunde als dem "Seitenhöhlchen".

C. Überspitzung biblischer Linien; es ist unbiblisch, das Blut Jesu Christi in seiner Bedeutung gelöst von der Person Jesu in den Mittelpunkt zu stellen; so kam eine überspitzte Bluttheologie zustande. Johann Albrecht Bengel brachte zum Ausdruck: "Es ist, als wenn man an einer Uhr nichts als den Zeiger gelten lassen oder das ganze Jahr nur von Marksuppe leben wolle."-

Wie schon erwähnt, fanden die Herrnhuter durch Gottes Gnade wieder aus den verschiedenen Gefahrenzonen heraus; der Herr konnte klare Buße und Reinigung wirken, sodass kein bleibender Schaden entstand..

Württembergischer und niederrheinischer Pietismus

Der Gründer des **württembergischen Pietismus** war **Johann Albrecht Bengel**, der Gründer des **niederrheinischen Gerhard Tersteegen** (1697 bis 1769). Als Kaufmann, und später Bandwirker, war er früh in Verbindung mit erweckten Kreisen in seiner Heimat Moers am Niederrhein gekommen. Ernste Herzensübergabe an Jesus und intensives Bibelstudium ließen ihn für die Besucher seiner Hausbibelstunden zum großen Segen werden - und wenn wir intensiver die Geschichte großer Gottesmänner und –frauen lesen, oder wenn wir die Zeiten studieren, wo die Keimzellen der Entdeckung gelegt wurden, so stoßen wir immer wieder auf folgende 3 Punkte:

1. reges Gebetsleben,
2. Hausbibelkreise,
3. intensives Bibelstudium..

Nicht nur **Bengel** hatte große Bibelkenntnis, auch **Schwenkfeld** war einer der besten Bibelkenner seiner Zeit und **Zinzendorf** las jedes Frühjahr bis Ostern die ganze Bibel durch - -

Als Bengel auf Betreiben der Pastoren im Jahre 1740 für 10 Jahre Versammlungsverbot bekam, konnte jedoch seinen Wirken im Verborgenen nicht aufgehalten werden: den ihm verbundenen Kreisen blieb er ein vollmächtiger Seelsorger. **Jung-Stilling**, Augenarzt, Professor in Marburg, schrieb: "Er hat gewiss mehr wahre Christen gezeugt, als seit der apostolischen Zeit irgend ein anderer getan hat; das ist zwar viel gesagt, aber in der

Tat war es so; denn von Amsterdam bis Bern findet man seine Anhänger sehr häufig unter dem gemeinen Volk, und unter allen Pietisten sind diese die besten."

Tersteegen scheute sich nicht, in einem Brief an Friedrich den Großen seine "Gedanken über die Welt des Weltweisen von Sanssouci" zu äußern, in der er offen, wenn auch schüchtern und rücksichtsvoll, die Nichtigkeit und Hohlheit der sittlichen Grundsätze und der religiösen Einstellung des Königs aufdeckte. Über 100 Lieder zeugen von der innigen Gemeinschaft Tersteegens mit seinem Herren (Gottes ist gegenwärtig).

Notizen zur Kirchengeschichte des ausgehenden 18. Jahrhunderts

Mit ungewöhnlicher Stoßkraft hat sich der Pietismus unter den Christen ausgebreitet. Da setzte von England über Frankreich nach Deutschland kommend die Geistesströmung der Aufklärung ein. Dieser Rationalismus vertraute nur der eigenen Erkenntnis und war stolz auf die eigene Kraft, nicht zuletzt durch mancherlei Erfindungen und Entdeckungen beflügelt.

So wollte man nichts mehr von Gottes Gnade wissen. Das wirkte sich bis in die Gottesdienste und ins Gemeindeleben hinein aus; denn Geheimnisse der Offenbarung waren nur noch unnötige Dogmen. Die Religionen traten gleichberechtigt neben die Lehre des Christentums. Theologie und Gottesdienst waren nur dann *sinnvoll*, wenn sie vor dem *Gerichtshof der menschlichen Vernunft* bestehen konnten; und wenn sie "vernünftig" waren. Die Folge war eine ausgehöhlte Predigt und ein entleerter Glaube; die Kirchen blieben leer, und man konnte mit der Auffassung sterben: "Ich hab so gelebt, dass mir mein Gewissen keinen Vorwurf machen kann. Ich sterbe ruhig. "(Ein Theologe)

Die menschlich-geistliche Armut der Ungläubigen und das Sehnen der wahrhaft Gläubigen mitten in dieser glaubensarmen Zeit, und nicht zuletzt die mit Napoleon verbundenen Leiden und Kriege bereiteten eine neue Empfänglichkeit für eine göttliche Erweckung vor, die zu Beginn des 19. Jahrhunderts erfolgen sollte. Die preußische Königin Luise schrieb im Jahre 1808: „Offenbar ist Napoleon ein Werkzeug in des allmächtigen Hand, um das alte, das kein Leben mehr hat, zu begraben". Eine neue Erkenntnis der Gottesmacht und der Bibelwahrheit brach dabei auf. Wie jede geistliche Erweckung, so verlor also auch der Pietismus in seiner dritten und vierten Generation an geistlicher Kraft. Unterstützt durch den Rationalismus schrumpfte die Substanz der Evangeliumsbotschaft zusammen. Zucht und Sitte lockerten sich bis in die Pfarrhäuser hinein. Die Gruppen der echten Pietisten waren die einsamen Lichter im Dunkeln.

Drei Pietismusepochen

In den letzten zwei bis drei Jahrhunderten haben drei Pietismusepochen geherrscht

1. das evangelische Deutschland wurde in der Zeit von 1690 bis 1730 weithin von dem durch Spener ausgelöste Altpietismus erreicht, der auch in der Zeit der Aufklärung unterschwellig weiter wirkte

2. nach den Freiheitskriegen kam es dann zur so genannten Erweckungsbewegung des 19. Jahrhunderts, die teilweise auf den Altpietismus, teilweise den Methodismus zurückging. Sie wurde durch die Geisteshaltung der Romantik begünstigt, die vorerst nichts mehr von der Aufklärung wissen wollte
3. Seit 1875 brach die deutsche **Gemeinschaftsbewegung** auf, die an angelsächsisch-methodistische und deutsch-pietistische Grundlagen anknüpft und zu einem vielgestaltigen geistlichen Leben geführt hat. Gemeinsam mit manchen freikirchlichen Bestrebungen, wie es sich etwa in der **evangelischen Allianz** darstellt, fasst man die Epoche samt ihren Auswirkungen bis heute mit dem Begriff "**Neuer Pietismus**" zusammen. -

Erweckungsbewegungen im 19. Jahrhundert

Als Reaktion auf den Rationalismus entstanden zu Anfang des 19. Jahrhunderts neue Erweckungsbewegungen. Es wurde vor allem wieder Wert auf die rechte Lehre gelegt. Damit stand das "objektive Heil“ betont im Vordergrund, jedoch bewusst als Anlass „subjektiven“ (persönlichen) Ergreifens. So verbanden sich in diesen Erweckungen biblisch nüchterne Erkenntnis mit Geistesvollmacht und Herzensglauben.

Erweckungszentren

In Berlin hat Gott Männer erweckt die besonders zwischen 1820 und 1830 zahllosen Menschen zum Glauben an Jesus Christus verhalfen. **Johann Jänicke** (1748 bis 1827) gründete als Pfarrer der Berliner Bethlehemsgemeinde die erste dortige Missionsschule.
Er war im Sinne von August Hermann Francke erzogen worden und mit dem Nachfolger Zinzendorfs, dem Herrnhuter **Bischof Spangenberg**, bekannt. Die Förderung **diakonischer Dienste** - er stellte sich selbst aktiv in den Dienst von Krankenbesuch und Altenpflege - erregte großes Aufsehen.
Sein Nachfolger, der vom katholischen zum evangelischen Glauben übergetretene, profilierte Pfarrer **Johann Evangelista Goßner** (1773 bis 1858) gründet dann die Goßner-Mission (Missionsgesellschaft), das erste evangelische Krankenhaus in Berlin und eine Reihe von Kinderbewahranstalten. Sein "Herzbüchlein" ist bis heute bekannt geblieben. Goßners Nachfolger war der als Erweckungsprediger gesegnete **Gustav Knaak** (1806 bis 1878), der an der Bethlehemsgemeinde über 25 Jahre lang als Pfarrer, Liederdichter, Freund der Mission und der Arbeit an Kindern und Armen wirkte.
Als weitere Segenträger sind **Pastor Görcke, Baron von Kottwitz** und Professor **Tholluk** in Berlin zu nennen.

In Basel, von wo aus geistliche Verbindungen auch mit Berlin bestanden, wurde die **Christentumsgesellschaft** durch eine weit verzweigte Arbeit für die gesamte deutsche Erweckungsbewegung bedeutungsvoll.
Als Sekretär dieser Gesellschaften gründete **Christian Friedrich Spittler** eine Reihe von missionarischen und diakonischen Einrichtungen: Basler Bibelgesellschaft, Missionsgesellschaft, eine Erziehungs- und Schulanstalt in Beuggen, einen Traktatverein, Taubstummenanstalt, Diakonissenhaus in Riehen, Pilgermission St. Chrishona in der Zeit zwischen 1804 bis 1840. In der Basler Mission, die in großem Segen wirkte, arbeitete unter anderem auch **Christoph Gottlieb Blumhardt**, sowie seinen Neffe **Pfarrer Johann Christoph Blumhardt,** der dann durch seine Arbeit und seine apostolische Vollmacht bekannt werden sollte (Möttlingen und Bad Boll). Die Beuggener Anstalten bekamen besonders durch **Christian Heinrich Zeller** die entscheidende geistliche und pädagogische Ausrichtung, angesichts derer der bedeutende Pädagoge **Pestalozzi** nur unter Tränen sagen konnte: "Hier ist das verwirklicht, was ich mein Leben lang ersehnt habe."
Zellers Sohn Samuel sollte später geistesbevollmächtigter Nachfolger von **Dorothea Trudel** im Seelsorgeheim von Männedorf werden. Zellers Enkelin Dora, die Frau des bedeutenden Chrishona-Hausvaters **Carl Heinrich Rappard**; sie wurde durch viele Erweckungslieder und -Schriften bekannt. Andere Erweckungszentren und -Träger schlossen sich an: in Minden-Ravensburg mit **Johann Heinrich Völkening**, in Württemberg-Baden **Michael Hahn** und **Ludwig Hofacker, Albrecht Knapp und Alois Henhöfer**. In Wuppertal wirkte vor allem **Gottfried Daniel Krummacher**, im Siegerland **Weißgerber** und **Siebel**. **Klaus Harms** in Kiel und **Louis Harms** in Hermannsburg wurden Erweckungsträger für weite kirchliche Kreise. – Es werden hier wegen der Kürze der Zeit oft nur Namen genannt. Ein umfassendes Lebensbild der wichtigsten Erweckungsträger, Personen und Gemeinschaften sollen in späterer Zeit behandelt werden. -

Da die Betonung der rechten Lehre eine besondere Rolle in dieser Erweckung spielte, traten hier mehr die Einzelpersönlichkeiten als der Erweckungsträger in den Vordergrund und nicht so sehr die Laienbewegung.

Freikirchliche Bewegungen

Es wurde schon erwähnt, dass der Begründer des Methodismus in England und Amerika entscheidende geistliche Impulse durch den Herrnhuter Pietismus empfangen hat. Seit 1739 kehrte dieser geistliche Segen und Einfluss wieder nach Deutschland zurück und führte zur Gründung von **Methodisten**-Gemeinden, die auch in der Zeit der rationalistischen Dürre aus dem angelsächsischen Raum gespeist wurden. Dort bestanden und wirkten sich bereits über die Grenzen aus: die **Puritaner** unter **Oliver Cromwell**, die **Baptisten** mit **Bunyan** und **Spurgeon**, die **Heilsarmee** (**William Booth**); die **Brüderbewegung** (unter **Darby**); die **Freie evangelische Gemeinde** (**Monod**, **Grafe**). Diese Kreise sind die Frucht verschiedener Erweckungen gewesen und wirkten nun erwecklich weiter. Schon im Jahre 1846 startete in London der erste Versuch, in einer **evangelischen Allianz** alle Gläubigen landeskirchlicher und freikirchlicher Prägung zum "Zeichen des lebendigen und ewigen Bandes aller wahrhaft Gläubigen" zusammenzuführen.
Im Jahre **1857 wurde die Deutsche Allianz** gegründet. Die evangelischen Freikirchen wollten zunächst in den bestehenden Landeskirchen als lebendige Kreise ihren Glauben ausleben, wurden aber vielfach aus der Kirche hinausgedrängt. Bei anderen war es so, dass sie auf Grund ihrer gewonnenen Heilserkenntnis gewissensmäßig nicht länger in der großen Volkskirche bleiben konnten. Alle diesen freien evangelischen Gemeinden, auch Baptisten, Methodisten, Mennoniten usw. haben sich mit den Gläubigen aus den landeskirchlichen Kreisen zur Allianz zusammengeschlossen. Die Pflege dieser evangelischen Allianz geschieht in der jährlichen Allianzgebetswoche, in Konferenzen und in gemeinsamen Evangelisationen (z. B. Evangelisation

mit Billy Graham, Pro Christ). Die Allianz hat eine beachtliche Tätigkeit und Bedeutung in der Geschichte der Gemeinde Jesu entwickelt.

Das Jahrhundert der Mission

Wir unterscheiden in der Kirche drei große Missionszeitalter:
1. die Missionierung der griechisch-römischen Welt im Altertum
2. die Missionierung der germanischen-islamischen Welt im Mittelalter.
3. die Missionsepoche des Pietismus seit Francke und Zinsendorf als Vorläufer für das "Missionsjahrhundert" (19. Jahrhundert): die Missionierung der außereuropäischen Welt und die inneren Missionen.

Im Jahre **1792 wurde das erste Missionswerk** durch den Baptisten William **Carey** in England gegründet. Das erste deutsche Missionswerk war das der Basler Missionsgesellschaft im Jahre 1815; 1824 folgte die Berliner Mission, 1828 die rheinische Mission. Im Jahre 1836 gründete Goßner seine Missionsgesellschaft, die **Hermannsburger** und **Neuendettelsauer** Missionen folgten 1849, eine ganze Reihe anderer schlossen sich an, sodass sich die Zahl der vor dem Ersten Weltkrieg arbeitenden weißen Missionare auf 24.000, die der Eingeborenenhelfer auf 110.000 belief.

Innere Mission

Entscheidende Impulse aus pietistischen Arbeitszweigen empfingen auch die Bewegungen der Inneren Mission. **Johann Hinrich Wichern** (geb. 1808) sollte ihr geistiger Vater werden. In einem alten Bauernhaus (das „Rauhe Haus“) sammelte er mit seiner Mutter und Schwester verwahrloste Jungen und bildete in einem Brüderhaus die Erzieher selbst heran. Neben diesen entstand das **Johannesstift** in Berlin-Spandau.

Weitere Väter der inneren Missionen waren im Anfang besonders die Begründer und Förderer des Diakoniewesens **Theodor Fliedner** in Kaiserswerth am Rhein und **Wilhelm Löhe** in Neuendettelsau in Bayern; um die Jahrhundertwende war es vor allem **Friedrich von Bodelschwingh** (gestorben 1910), der Leiter der Betheler Anstalten.

Die Deutsche Gemeinschaftsbewegung

Aus den verschiedenen Bewegungen des Pietismus und der Erweckungsbewegungen des 19. Jahrhunderts kam eine Fülle von Ansätzen, als die Deutsche Gemeinschaftsbewegung aufbrach.

Die Erweckungsbewegung zu Beginn des Jahrhunderts war um 1860 bis 1870 schon in die zweite und dritte Generation eingetreten und mündete vor allem in zwei sehr verschiedenen Formen aus: eine stark gläubige Kirchlichkeit, die bis heute hin ihre Spuren zeigt, und in kleinere oder größere, verschieden rege Gemeinschaften und Konventikel. -

Besonders drei unmittelbare Wurzeln der Jahre 1870 bis 1888 haben zur Entstehung der Gemeinschaftsbewegung gedient:

1. die gesellschaftliche Lage Deutschlands, gekennzeichnet durch die zeitgenössische politische und individuelle Entwicklung, sah große Volksteile in Gottlosigkeit und Abwendung von der Kirche, ähnlich wie heute. Hofprediger **Stöcker** sprach von einem weitgehenden Trend des Volkes zur "Entkirchlichung". Vom Schicksal ihres Volkes bewegt, beriet eine Reihe verantwortungsbewusster Männer eigene Initiativen; so schrieb im Jahre 1866 der **Baron Oertzen** an den **Grafen Eduard von Pückler**: "Schreibe umgehend einen Aufruf, mit dem wir vor die Öffentlichkeit treten. Du musst die Not der Zeit, des Volkes und der Kirche schildern und den Weg der Hilfe zeigen."

2. Ein Kampf gegen die liberale Theologie musste aufgenommen werden, wie heute, der zu gemeinsam gläubigen Vorgehen nötigte. Diese Theologie war durch eine Neubelebung des Rationalismus entstanden und verwirrte die Gemeinden, besonders da, wo ein ungläubiger Pfarrer auf einen gläubigen im Amt folgte.

3. Schon bestehende Vereine und Gesellschaften ermutigen, Evangelisation und Gemeinschaftspflege in einem größeren Zusammenhang zu organisieren. Vom Norden nach Süden Deutschlands entstanden nun etliche Gesellschaften, Gemeinschaften und Vereine.

Der zündende Funke allerdings sollte aus England kommen. Der hatte die beiden Amerikaner W. E. **Boardman** und Peasall **Smith**, auf Erkenntnissen und Erfahrungen **Finneys** (gestorben 1878) und **Moodys** (gestorben 1899) fußend, im Jahre 1874 in Oxford Heiligungsversammlungen abgehalten. (Finney und Moody wurden durch die Evangelisationspraxis von **Elias Schrenk**, dem Vater der Evangelisation in Deutschland, bekannt: Ruf zur sofortigen Entscheidung für Jesus Christus, Bekenntnis solcher Entscheidung durch Aufstehen in der Versammlung, Aufruf zur Nachversammlung für Entscheidungswillige, entscheidende Mitwirkung des Gesangs, Massenversammlungen).
Diese Heiligungsversammlungen wurden von den deutschen Gottesmännern **Schenk, Stockmeyer, Rappard, Jellinghaus** u. a. besucht. Solche Konferenzen fanden dann auch in Deutschland statt und lösten durch die Mitwirkung vieler geistbevollmächtigter Männer das Feuer dieser Erweckungs- und Heiligungsbewegung aus. **Karl Heim** hat sich bei einer Versammlung mit Elias Schrenk entschieden. Der Deutsch-Amerikaner von **Schlümbach**, der unter der Leitung von Moody zum Evangelisten geworden war, evangelisierte 5 Monate lang mit größtem Erfolg in den ärmsten Vierteln

von Berlin; und dabei entstanden die **Sankt Michaels Gemeinschaft am Wedding** (Graf Pückler) und der **CVJM** (Eberhard von **Rothkirch**). Aus den erwecklichen Strömungen innerhalb der deutschen Landeskirche erwuchs nach 1870 in Deutschland die so genannte **Gemeinschaftsbewegung** die sich später dem **"Gnadauer Verband für Gemeinschaftspflege und Evangelisation"** zusammenschloss.

Gnadauer Verband

Führender Männer dieser Bewegung waren: **Elias Schrenk, Prof. Theodor Christlieb, Jasper von Oertzen, Otto Stockmeyer, Graf Eduard von Pückler, Dr. Theodor Haarbeck, Oberstleutnant von Knobelsdorff, Johannes Seitz** und andere. Man strebte gemeinsam an, das Leben bewusst auf der Grundlage des Neuen Testaments aufzubauen und danach auszurichten. Man wollte fern stehende Menschen für Jesus gewinnen und sie zu einem Leben der Heiligung für Gott und der lebendigen Erwartung der Wiederkunft Christi führen.
Weiter wurde gepflegt die Praxis des Gemeinschaftsaufbaus und –lebens; biblische Lehre; "**in** der Kirche, wenn möglich **mit** der Kirche, aber nicht **unter** der Kirche" und verstärkte Mitarbeit von Laien und anderen.

Es war eine Zeit, in der das geistliche Leben überall aufblühte und viel Frucht brachte. In diesem Zusammenhang muss u. a. auch die Gründung des **Jugendbundes für entschiedenes Christentum EC**, der 1881 in USA entstanden war, erwähnt werden, ferner die Arbeit des **"blauen Kreuzes"**, die in der Schweiz begann, der **CVJM**, die **Diakonissen-Werke** (Kaiserswerth, Neuendettelsau, Vandsberg, u. s. w.), die Prediger- und Missionsseminare (**St. Chrishona, Johanneum, Liebenzell, Tabor, Bohnau)** u. a..

Pfingstbewegung

In dem ernsten Streben nach einem geheiligten Leben, das durch die Heiligungsbewegung in Oxford 1874 geschenkt worden war, vermischte sich im ersten Jahrzehnt des 20. Jahrhunderts eine ungesunde geistliche Strömung. In den Jahren 1904 bis 1909 musste ganz entschieden Front gemacht werden gegen die Lehre des Perfektionismus und den Einbruch der Schwarmgeisterei durch die Pfingstbewegung, die zu schmerzlicher Spaltung führte.

Die Berliner Erklärung

Im Jahre 1909 sahen sich die Väter der Gemeinschaftsbewegung veranlasst, sich in der "Berliner Erklärung" eindeutig von allen Pfingstlern zu trennen, damit eine Ausbreitung dieser geistigen Bewegung in den Gemeinschaften verhindert würde.
Neben der ständigen Überprüfung der Stellung Gnadaus zu kirchlichen Instanzen und Lehren wurde besonders das Gegenüber zum Staat des "Dritten Reiches" zu einem ernsten Prüfstein des Verbandes. War der Verband zunächst der Gefahr erlegen, sich in die nationalsozialistische Führung religiösen Lebens zu schicken, so bezogen die führenden Brüder Gnadaus kurz darauf eindeutig Stellung und trennten sich noch im Jahre 1933 von der Bewegung der deutschen Christen. (**Reichskirche**). Dadurch erfolgten dann auch Raumverbote, Versammlungs-, Redeverbote und Überwachungen. Hier ist besonders der langjährige Vorsitzende des Gnadauer Verbandes zu nennen, der der Gemeinschaftsbewegung durch schwere Jahre bis 1952 diente: **Dr. Walter Michaelis.**
Bis heute nimmt Gnadau lebendigen Anteil am Leben seines Volkes, der weiten Welt, besonders im religiösen, und vorwiegend christlichen Sektor, und versucht, seinem biblischen Auftrag zu entsprechen. Der Gnadauer

Ortsverband sieht sich ständig einem "Mehrfrontenkrieg" ausgesetzt, bei dem es immer wieder um Fragen der Abgrenzung und des Engagements in der modernen Gesellschaft und ihrer religiösen Erscheinungswelt geht: die Sache der Botschaft Jesu Christi in Evangelisation und Gemeinschaftspflege zu treiben im Gegenüber zur Ökumene, zum evangelischen Kirchentag, zur "modernen Theologie", zur Pfingstbewegung, im Miteinander in der Allianz, in der Bekenntnisbewegung, in weltmissionarischen Bestrebungen, in diakonischen Aktivitäten und in der Frage um charismatische Bewegungen und Bruderschaften; und nicht zuletzt auch in den Spannungen, die in den eigenen Reihen durchgefochten und durchgestanden werden müssen. Aus der Zeit des Gemeinschaftslebens sollten doch noch folgenden Namen genannt werden, die sich mit der Existenz von Brüder- und Schwesternhäusern, Werken der inneren und äußeren Mission und Verbänden mit verschiedenen Aufgaben verbinden:
Z. B. die mit der **Neukirchener Mission** zusammenhängenden In- und Auslandsgemeinden, die reiche Arbeit des Werkes in **Liebenzell**; die Gnadauer **Brasilienmission**; die **Süd-Ost-Europa-Mission**; neben dem erwähnten EC die **Berliner Stadtmission**, der **evangelische Sängerbund**, die **SMD** (Studentenmission Deutschland) und **Schülerbibelkreise**.

Pietismus und Bewegungen heute

Man muss schon ein " Kenner der Materie " sein, wenn man alle Bewegungen, die heute ein pietistisches Gepräge tragen, nur einigermaßen kennen und beurteilen will. Dabei reicht die Problematik von der Frage um die **Jesus-People-Bewegung** über die Entstehung von **Bibelschulen** verschiedener Richtung bis hin zum Aufbrechen **charismatischer Kreise** und neuartiger **Bruderschaften**. Von Seiten der heute vorherrschenden Theologie wird der Pietismus weithin als unredliche Frömmigkeitsform und unsachgemäße Bibelinterpretation beurteilt.

Andererseits setzte von Seiten der Wissenschaft eine gründliche Erforschung des Zeitalters des Pietismus und seiner wichtigsten Vertreter ein, die neues Licht auf die im Pietismus betonten Wahrheiten des Evangeliums wirft. Nicht selten hat die pietistische Einstellung heute örtlich und überörtlich von den verschiedensten Seiten her mit „Angriff von außen (= Verunsicherung von innen ") zu rechnen und findet in solcher Situation Ermutigung und Trost im Zuspruch biblischer Zeugnisse und einer geschenkten geistlichen Bruderschaft. In Ländern, in denen der christliche Glaube in akute Verfolgungswellen hineingenommen wurde, sind es gerade vornehmlich pietistisch geprägte Kreise und Menschen, durch die Jesus Christus unter Leiden und Sterben das Zeugnis vom gekreuzigten und auferstanden Heiland ausrichtet. Hier zeigt sich das Wort Bonhoeffers am deutlichsten: "Nachfolge ist Bindung an den leidenden Christus", in der Hoffnung, dass sich auch offenbare: Nachfolge ist Bindung an denen triumphierenden Christus.

Nach dem biblischen Zeugnis bleibt der Gemeinde Jesu, in der Endzeit in ganz besonderer Weise, der Weg durch Drangsal und Leiden nicht erspart (Apostelgeschichte 14,22; Phil. 27 bis 30). Aber sie erfährt mitten in dieser Lage die Kraft des Lebens Jesu Christi, ihres Hauptes, dessen Leib sie ist. Diesen biblischen Wahrheiten und geistlichen Wirkungen sieht sich der „**Neuere Pietismus**" verpflichtet. Aus dieser Haltung heraus sieht er auch weiterhin seinen Dienst und Auftrag an der Gemeinde Jesu, denn er ist von seinen Anfängen bis in die Gegenwart sich stets in einem Punkt gleich geblieben: "Im Mittelpunkt des Interesses aller Arbeit der Väter des Pietismus steht die Gemeinde Jesu, der Leib Christi, an dem alle wahrhaft Wiedergeborenen, wahrhaft Gläubigen aller Zeiten und aller Nationen die lebendigen Glieder sind, während Christus das Haupt der Gemeinde ist“.

Die bestehenden Volks- und Landeskirchen, Freikirchen,
Denominationen, Gemeinschaften und Reichsgotteswerke
interessieren als solche nur in dem Maße,
als sie wirklich Gemeinde Jesu bauen und fördern.

(Evangelische Marineschwestern, die Offensive junger Christen, Entschiedenes Christentum, IVCG, die Jesus Bruderschaft in Gnadental, Neues Leben in Wölmersen, Selbitz, Kommunität „Steh auf", Nehemiahof e. V., Missionswerk Frohe Botschaft, JEW, Jugend mit einer Mission, OM, AJH, Diakonissenmutterhaus Aidlingen, Campus für Christus, KEB, die Fackelträger, Kirche des Nazareners, Baptisten, Landeskirchliche Gemeinschaften usw.)

Damit ist von vornherein die große Spannung aufgezeigt, in die sich jeder Pietismus allem überkommenen Kirchentum gegenübergestellt sieht, das sich als sakramentale Heilsanstalt, als Pastoren-, als Theologen-, Priester- und Bekenntniskirche versteht.

Dunkelheit und Hoffnung - Schluss

Heute stehen wir in einer Zeit des Kampfes, der Nöte, des Wartens auf einen neuen geistlichen Durchbruch in unserem Land. Keimzellen brechen mancherorts auf, aber **bleiben sie auf der biblischen Linie und werden Sie tragfähig?** Wir haben endzeitlichen Charakter, und das Fundament vom gekreuzigten, auferstandenen, erhöhten und wiederkommenden Herrn wird durch theologische Richtungen unterminiert. Oekumenische Bestrebungen zielen nicht nur auf die Vereinigung aller christlichen Kirchen, einschließlich der katholischen Kirche hin, sondern wollen noch offen seien für den Dialog mit den großen Weltreligionen. Damit scheint einer allgemeinen Weltkirche der Weg bereitet zu werden, die im antichristlichen Zeitalter eine Rolle spielen wird. Die Gemeinde Jesu kann von ihrer biblischen Einstellung und Bindung her, nicht alles ungeprüft mitmachen, weil sie sonst leicht das neutestamentliche Fundament in Jesus Christus verlassen würde. Wir alle sind mehr denn je zu höchster Aufmerksamkeit und zum Gehorsam dem Wort gegenüber aufgerufen. Auf Grund der zunehmenden Entchristlichung unseres Landes sollten wir an den folgenden 12 Thesen zur geistlichen Erneuerung arbeiten, um unseren Kindern und Enkelkindern, sowie den Menschen der nächsten Generation in unserem Land einen reinen, unverfälschten Glauben an unseren Herrn Jesus Christus weitergeben zu können.

12 Thesen zur geistlichen Erneuerung!

1. Den Menschen wieder von Gott aus sehen lernen, also aus der Sicht Gottes betrachten—ihn seiner von Gott geschenkten Würde erinnern.
2. Christus als den Herrn über alles Leben in den Mittelpunkt stellen.
3. Die nach der Reformation verlorengegangenen wichtigen biblischen Wahrheiten betonen:

   A. Jeder Mensch ist sündig, also rettungsbedürftig.

   B: Seine Rechtfertigung vor Gott erhält er erst durch die bußfertige Hinwendung zu Jesus.

   C: Durch das durch die Vergebung empfangene neue Leben wird er zum Dienst am Nächsten und zur Verantwortung für die Welt befähigt.
4. Das Wort Gottes alleinige Richtschnur des Lebens und der Lehre werden lassen. Gehorsam diesem Wort gegenüber, auch in den kleinsten Dingen und Entscheidungen des Alltags, zeigen. (Reinheit der Motive, Disziplin, Ehrlichkeit).
5. Durch erweckliche Predigten, Hauskreise, Gespräche, ein schlichtes Zeugnis von Jesus geben, das die Menschen im Gewissen trifft, zur Umkehr des Herzens und zu einem Leben aus dem Geist führt.
6. Einübung in eine bescheidene Lebensweise; Mäßigkeit in allen Dingen.
7. Wiederbelebung eines Familienlebens nach den Ordnungen der Bibel und Erziehung der Kinder im Gehorsam der Schrift.
8. Regelmäßige Zusammenkünfte von Familien und Alleinstehenden in den jeweiligen Häusern fördern, um sich nach der Schrift fürs praktische Leben

zu orientieren, sich in gegenseitiger Hilfe, zur Einübung in demütiger Liebe und Unterordnung zu bewähren.

9. Aufbau von immer neuen Gemeindezellen, die aus der erweckten Muttergemeinde hervorgehen.

10. Ständige Ausbildung von gläubigen Laien zur Weitergabe des Evangeliums durch fundierte biblische und gegebenenfalls auch pädagogische und fachliche Kenntnisse.

11. Zusätzliche geistliche Ausbildung der Theologiestudenten durch gläubige Lehrer neben dem Universitätsstudium.

12. Schaffung besonderer Stätten, um sozial Geschädigte, psychisch Gestörte, Drogenkranke, Rehabilitanten u.s.w. im familiären Umgang seelsorgerlich und praktisch zu betreuen. -

Wir haben einen Streifzug durch die Jahrhunderte gemacht und die Gemeinde Jesu im Wechsel der Zeiten und Geschichte verfolgt. Wir haben festgestellt, dass es praktisch bis zum heutigen Tag ein krauses Durcheinander von unerquicklichen Streitereien war, indem nur einzelne Lichtpunkte zu sehen waren. Woher dieses Dunkel? Wir können darauf nur antworten, dass die Kirchengeschichte ist wie alle Geschichte mit fehlbaren Menschen und auch wie die Geschichte unseres eigenen Lebens oft den krausen Fäden eines umgekehrten Teppichs gleicht. Wir sehen nur die Fäden, aber einmal werden wir die Kehrseite erblicken, dann wird uns ein wunderbares Bild in dem Gewebe entgegenleuchten. Wir haben zu wissen, dass der Schlüssel der Kreuzversöhnung und der Kreuzerlösung uns helfen kann..... auch letzte bange Fragen der Kirchengeschichte zu beantworten:

Die fast unergründlichen Tiefen des Reiches Gottes und seiner Geschichte können uns nur durch seine Offenbarungskraft erschlossen werden. Der Blick durch das Sündenkreuz hindurch schenkt uns die echte Vision auch letzter Fragen.

Noch mehr: Ich glaube, dass die schwersten und tiefsten Probleme der Kirchengeschichte von Golgatha her nicht nur wahrgenommen und festgestellt, sondern auch irgendwie bewältigt werden können. Das Kreuz macht nicht dunkel, sondern hell und schafft im Frühlichte des Ostermorgens, des ersten Ereignisses der Kirchengeschichte, unserem unbeholfenen Denken freie Bahn.

Wenn alle anderen Schlüssel versagen sollten, ist noch nichts verloren, solange der von der Welt verachtete Schlüssel des Kreuzes in unserer Reichweite bleibt und die letzten Aufschlüsse über das Schicksal der Braut Christi gibt.

============

Printed by Books on Demand GmbH, Norderstedt / Germany